NOTES

POUR SERVIR

A L'HISTOIRE DE LA COMMUNE DE VANDENESSE

(NIÈVRE).

NOTES

POUR SERVIR

A L'HISTOIRE DE LA COMMUNE

DE

VANDENESSE

(NIÈVRE)

RECUEILLIES PAR M. V. GUENEAU,

PERCEPTEUR A VANDENESSE,

MEMBRE DE LA SOCIÉTÉ ÉDUENNE ET DE LA SOCIÉTÉ NIVERNAISE
DES SCIENCES, LETTRES ET ARTS.

> Considérez entre vous qui me lisez ou me lirez... comment je puis avoir su tant de faits desquels je traite... partout où je venais, je faisais enquête... ainsi ai-je rassemblé la haute et noble histoire.
>
> FROISSART.

NEVERS,

IMPRIMERIE ET LITHOGRAPHIE PAULIN FAY,
Place de la Halle et rue du Rempart, 1.

1874

NOTES

POUR SERVIR

A L'HISTOIRE DE LA COMMUNE

DE

VANDENESSE

(NIÈVRE.)

> Considérez entre vous qui me lisez ou me lirez... comment je puis avoir su tant de faits desquels je traite... partout où je venais, je faisais enquête... ainsi ai-je rassemblé la haute et noble histoire.
>
> FROISSART.

I.

ÉTYMOLOGIE.

D'où vient le nom de Vandenesse? Faut-il en demander l'étymologie à quelque souvenir historique ou à la topographie du pays? Faut-il nous adresser à la langue celtique ou à la langue romaine?

Nous en rapportant aux mots celtiques *mor vend* (noires montagnes) qui sont définitivement adoptés aujourd'hui pour expliquer le nom de notre Morvand, nous nous étions d'abord arrêté avec complaisance à ceux de *vend isca* (rivière des montagnes) pour retrouver Vandenesse. Cette étymologie cependant était loin de nous satisfaire.

En lisant le *Guide à Saint-Honoré-les-Bains*, de M. Charleuf, nous avons trouvé cette phrase : « Ce nom de Vandenesse

» (*Vindonissa*) se retrouve partout où existèrent des cantonne-
» ments de Boïens et de Sarmates. » M. Charleuf n'entrant pas
dans de plus longues explications, nous avons voulu chercher
sur quels fondements sérieux pouvait reposer l'allégation de
cet auteur. L'histoire nous dit que les Boïens de la Gaule
étaient établis dans la Lyonnaise Ire, entre la Loire et l'Allier,
et dans l'Aquitaine IIIe ou Novempopulanie, plus tard pays de
Buch. De son côté, l'auteur d'*Autun archéologique* écrit, après
avoir cité les Boïens comme clients des Éduens : « On a sup-
» posé qu'ils étaient limitrophes des Éduens et qu'il fallait leur
» attribuer le territoire compris entre la Loire, l'Allier et l'Ar-
» roux. On a dit également que leur capitale Gergovie était cette
» ville dont les ruines se voient près de Saint-Révérien (Nièvre). »
Or, en parcourant le *Dictionnaire des Postes*, nous ne trouvons
en France que quatre Vandenesse ou Vendenesse (1) : un dans
la Nièvre, un dans Saône-et-Loire et deux dans la Côte d'Or.
Il nous a fallu de suite éliminer l'Aquitaine IIIe. Mais, par leur
position, ces quatre villages appartiennent plutôt à la Lyon-
naise V^e ou Séquanaise qu'à la Lyonnaise Ire, car ils ne sont
pas placés entre la Loire et l'Allier.

En continuant nos recherches, nous n'avons trouvé qu'un
seul *Vindonissa* dans la Grande-Séquanaise, chez les Helvètes,
aujourd'hui *Windisch*, en Argovie (Suisse).

Le nom de Vandenesse peut donc avoir été apporté par des
familles de Boïens qui avaient habité au nord de la Suisse,
dans les régions où l'on place *Vindonissa*.

Il serait plus rationnel, nous écrit M. Bulliot, le savant
président de la Société éduenne, de chercher l'étymologie dans
les conditions locales, si on les voyait se reproduire dans les
lieux de même nom. Mais, outre qu'il nous est impossible, pour
le moment, de visiter tous les Vandenesse, nos connaissances

---

(1) Le changement de voyelle est sans importance. Tous les anciens
titres concernant ce pays disent Vendenesse; depuis la Révolution on
a changé l'e en a.

en linguistique celtique ont encore si peu de certitude, que la voie indiquée n'est pas très-sûre.

Nous devons donc nous en tenir à l'importation du nom par les divers groupes de Boïens qui ont été cantonnés sur différents points du pays éduen. Les noms de *Bouhy, Buy, Bous, Boier* paraissent désigner ces sortes de stations. Toutefois, un grand nombre de ces stations se reconnaissent encore à la dénomination de Vandenesse que les chartes, nous dit M. Bulliot, fidèles au texte de la carte théodosienne, traduisent partout par *Vindonissa.*

Par une singularité remarquable, on trouve des Vandenesse ou des Sermesse (*Sarmatica, Sarmace, Sermages*, etc.) accolés aux mêmes lieux. Cette superposition de noms a conduit les auteurs à penser que les Boïens, plus anciens, avaient occupé par des colonies militaires les lieux appelés *Bouhy, Boiers*, etc., et que plus tard de nouveaux colons militaires, les Sarmates, dont le chef résidait à Autun, d'après la notice des dignités de l'empire : PRÆFECTVS SARMATARVM GENTILIVM AVGVSTODVNVM, avaient partagé les terres cédées autrefois aux Boïens.

Près de Semur en Auxois on trouve en effet un *Sarmaise* non loin d'un *Vandenesse ;* près de Charolles, les villages de *Sermaise* et *Vandenesse* sont assis à côté l'un de l'autre sur le cours de la Semence. Entre Digoin et Toulon, on rencontre un *Vandenesse*, et entre Toulon et Autun un *Charmasse*. Or, nous avons un *Sermages* près du Vandenesse dont nous nous occupons. Le doute n'étant plus possible, nous regarderons d'autant mieux Vandenesse comme fondé par une colonie boïenne, que l'ancien château s'appelait le Bouessart, nom dans lequel on peut, à la rigueur, retrouver un souvenir des Boïens (1).

---

(1) Faut-il encore retrouver Vandenesse dans le *Vendenis castrum* que nous lisons sur une ancienne monnaie attribuée à Vendôme

II.

SEIGNEURIE ET SEIGNEURS.

Dans un fond, près de la Dragne, entre la route de Decize et le chemin de Saint-Honoré, s'élève le château de Vandenesse, dont un terrier de 1721 nous donne la sèche description suivante : « Le châtel et maison-forte de Vendenesse, consistant
» en sept tours avec des corps de logis et bastiments entre les
» tours, dans lesquels il y a cuisine, office, salle, chambres
» basses et haultes, caves et selliers, greniers et combles
» au-dessus ; le tout tenant ensemble, couvert d'ardoises et de
» thuiles, et composant une cour en forme d'ovale, renfermé
» de fossés avec pont-levis et autres marques de l'ancienneté du
» château. La basse-cour, renfermée de murailles et bastiments,
» consistant en deux granges, écuries, estables, colombier et
» autres bastiments dans lesquels il y a chambres basses et
» haultes, grenier et comble au-dessus ; le tout couvert de
» thuiles, avec le portail et grandes portes. Le jardin au-devant,
» au bout duquel est la maison du jardinier et une pièce de
» terre appelée l'Ouche-Collé, située derrière ledit château,
» dans laquelle il y a une grande hasle servant à faire faire le
» manége aux chevaux..... »

En l'an IV de la République, la partie nord-ouest a été détruite par M. Bourbon-Gravière, acquéreur national ; mais, grâce à deux tours carrées et deux tours rondes réunies par des corps de logis restaurés pour les besoins de la vie moderne, ce château conserve encore un aspect imposant.

M. Jaubert nous apprend dans ses *Souvenirs du bon vieux temps* qu'il possède deux portes d'intérieur, échappées au vandalisme, sur l'une desquelles on remarque, entre autres sujets sculptés, « un chevalier et une damoiselle, tous les deux à la
» fleur de l'âge, paraissent échanger de doux regards ; sur
» l'autre porte on a sculpté quatre têtes de femme et deux de

» guerrier ; des amateurs éclairés ne sont pas éloignés de voir
» dans ceux-ci le chevalier sans peur et sans reproches et son
» digne frère d'armes Jacques de Chabannes, fondateur de ce
» château (1); de même ils pensent que les quatre têtes de
» femme pourraient fort bien être celles de très-belles, très-
» honnêtes et vertueuses dames (pour me servir des expres-
» sions sacramentelles de Brantôme) de la cour de François Ier.
» Ces six têtes sont encadrées dans divers ornements d'un
» travail exquis ; des amours semblent balancer des cornes
» d'abondance surmontées de salamandres qui, comme on sait,
» étaient les armes de ce roi chevalier; d'où il est permis de
» croire que ces portes sont du règne de ce prince, du temps
» de la renaissance. »

Que sont devenues ces portes ? Espérons qu'un nouvel acte de vandalisme ne les aura pas détruites ! Malheureusement, les objets d'art que M. Jaubert avait réunis avec tant d'amour et de goût sont passés en bien des mains, et l'on doit craindre pour leur sort.

M. Charleuf pense que ce château fut bâti vers 1475, époque où tomba le donjon de Nourry (2) dont Vandenesse relevait et qu'il remplaça un *manoir* antérieur au onzième siècle. En fouillant les précieuses archives du château de Vandenesse, qui ont été mises à notre disposition avec la plus gracieuse amabilité, nous avons trouvé, à la date du 23 février 1385, une lettre de Philippe, duc de Bourgogne, écrite sur parchemin, en sa qualité de tuteur du comte de Nevers, faisant défense aux officiers du comte de poursuivre à l'avenir le sieur de Nourry, seigneur de Vandenesse, pour rétablissement de la *forteresse* de Bouessart, qui était bâtie près de l'église de Vandenesse et

---

(1) Nous ferons remarquer que Jacques de Chabannes ne fut possesseur de la terre de Vandenesse qu'en 1524, à la mort de son frère, et qu'il fut tué en 1525, à la bataille de Pavie.

(2) Comment et pourquoi le donjon de Nourry tomba-t-il ? M. Charleuf n'en dit rien. Nous verrons qu'à Nourry il y avait plus qu'un donjon.

relevait en fief de la châtellenie de Moulins-Engilbert. Cette forteresse de Bouessart est encore indiquée sur un plan de 1723 par la désignation de *vieux château*. On en voit distinctement la motte dans un pré dont M. le duc de Périgord a donné la jouissance à M. le curé de Vandenesse. Malgré nos recherches, nous n'avons pu satisfaire notre vif désir d'avoir des renseignements certains sur les châteaux de Vandenesse. S'il nous est donné de revoir plus longuement les archives de la seigneurie, nous ne désespérons pas d'arriver à savoir si c'est M. Charleuf qui dit vrai ou si c'est M. Jaubert qui a raison. Pour le moment, nous estimons qu'ils ont tort tous les deux.

La terre de Vandenesse à laquelle furent réunies celles de Nourry, Givry et Pouligny-le-Boux (1), était une seigneurie en toute justice.

Le seigneur de Vandenesse a le droit d'établir des officiers : comme bailli, lieutenant, procureur fiscal, greffier, notaire et huissiers, des officiers pour la gruerie (2) et des sergents à garde pour les eaux et forêts ; il a le droit de faire mettre des fourches patibulaires à huit piliers et un pilori devant l'église ; il a le droit de poids, aulnes et mesures, et « de toutes les bêtes au » mailles qui sont tuez en sa justice il lui en appartient les langues ; » il a le droit de ban à vin (3), de péage pour toutes

---

(1) *Alias* Pouligny-le-Bois, aujourd'hui les bois de Pouligny, commune de Montigny-sur-Canne.

(2) La grue est un oiseau qui fait le guet pendant la nuit, soutenu sur un pied seulement, tandis que de l'autre il tient un caillou, lequel venant à tomber pendant que l'oiseau dort, l'avertit, en l'éveillant, de son abandon au sommeil et lui fait prêter attention à une garde plus exacte de lui-même et de ses petits. C'est donc du nom de cet oiseau qu'on a appelé *gruyers* les officiers chargés de veiller à la conservation des bois, et par suite *gruerie* la propriété du fonds et la justice qui s'exerce sur les bois. Le gruyer surveillait aussi les étangs, les empoissonnait et les pêchait. (COURTEPÉE, *Histoire de Bourgogne*, t. Ier, p. 367.)

(3) C'est-à-dire que pendant qu'il tenait taverne ouverte pour vendre son vin, tous les autres taverniers du pays devaient s'abstenir de vendre le leur.

les bêtes et marchandises qui passent à Vandenesse, de forestage, eschoitté, reversion, rachat, proffits, lods et ventes et tous autres droits seigneuriaux, même celui de blairie (1) « et pour » iceluy chacun tenant feu dans l'étendue de ladite justice doit » un demy-boisseau avoine et six œufs à chacun jour Saint-» Martin d'hyver. » Il a de plus le droit de tierce et de forcenage et « les corvées à sa volonté, tant à bras qu'à charroyer. »

Mais si le seigneur jouit de droits multipliés, il a des devoirs à remplir ; il doit foy-hommage au seigneur de Château-Chinon. Comme beaucoup d'autres, les seigneurs de Vandenesse ont toujours fait rigoureusement respecter leurs droits, tout en cherchant continuellement à s'affranchir de leurs devoirs.

Le 8 novembre 1459, une sentence rendue au siége présidial de Saint-Pierre-le-Moûtier enlève au seigneur de Château-Chinon le ressort de la justice de Nourry, qui est déclarée être du ressort de Saint-Pierre. Ce premier p⸱ fait, le seigneur de Vandenesse manque souvent à ses ⸱ligations. A chaque instant, les seigneurs ou dames de Ch⸱⸱eau-Chinon font saisir le fief de Vandenesse pour faute de foy-hommage. Devenu plus fort, le seigneur de Vandenesse obtient enfin, le 27 juillet 1678, une sentence de Saint-Pierre-le-Moûtier « lui donnant main-» levée des saisies... faites à la requête de la dame de Château-» Chinon, faute de foy-hommage, et défendant de procéder à » l'avenir par saisie féodale sur les terres et fiefs dudit seigneur, » auquel il est fait défense de reconnaître d'autre seigneur que » le roy, à peine de faux aveu. »

Ne relevant plus que du roi, le seigneur, qui alors est marquis de Vandenesse, baron d'Anizy, seigneur de Nourry, Givry, Chevannes-Burcau, Couze, Pouligny-le-Boux, Verou et La Guette, demande et obtient de refaire son terrier. Nous avons trouvé dans ce terrier que : sous la halle de Vandenesse, qui est

---

(1) Ce droit était la compensation de la permission accordée par le seigneur, aux habitants, de faire pâturer leur bétail dans les bois et autres héritages après la récolte.

placée en face de l'église, se tiennent deux marchés par semaine et deux foires par an. Les marchands ni autres personnes ne peuvent élever ni ériger *bancs* sous cette halle sans consentement du seigneur à peine d'amende; le seigneur a sur eux droit de coercition et punition lorsqu'ils abusent de leur état, avec confiscation de leurs marchandises, « même sur les » boulangers vendant du pain de condition et de poids irréso» nables. » Les rivières d'Aron et Dragne sont déclarées banales; personne ne peut y pêcher ni faire pêcher en quelque sorte et manière que ce soit; personne ne peut y avoir santine, bachaux ou bateaux. Les moulins de Nourry et de Vandenesse, qui sont situés sur la Dragne, sont reconnus avoir toujours été banaux, et tous les justiciables de Vandenesse et de Nourry sont tenus d'y aller ou envoyer moudre tous les bleds qui leur conviennent pour leur nourriture et celle de leurs famille et bestiaux. Les ruisseaux Dauzon et de Saint-Honoré, qui fluent dans la justice de Vandenesse, sont également reconnus banaux; personne n'a le droit d'y pêcher ni d'y faire pêcher; de plus, il n'est permis à personne de porter fusil, chasser ni faire chasser, tendre, ni faire tendre « lassets, colliers, pantières, merlières ny autres » instruments que ce soit. »

Les droits du seigneur de Vandenesse vont plus loin. Seul il a le droit de tenir bac sur la rivière d'Aron, au lieu de Cercy-la-Tour, et de percevoir une rémunération pour le service du passage ; seul il a le droit d'affermer le port de Cercy-la-Tour, mais il doit partager le produit du bail avec le seigneur de Martigny.

S'étendant depuis la communauté des Pannés-Garriaux (commune de Préporché) jusqu'à Cercy-la-Tour, et de Pouligny-le-Bois (commune de Montigny-sur-Canne) jusqu'à Chevannes-sous-Montaron, la seigneurie de Vandenesse est alors une des grandes seigneuries du pays. Elle conserve toute son importance jusqu'à la Révolution, époque où elle finit en tant que seigneurie et où, forcément, nous sommes obligés de nous arrêter.

Les premiers aveux connus de la seigneurie de Vandenesse,

dit M. de Soultrait (1), sont rendus en 1323 et 1384 par Pierre et Bernard Boccard, chevaliers. Il nous a été impossible de vérifier ces aveux, inscrits dans l'*Inventaire des titres de Nevers*, de l'abbé de Marolles, les archives du château ne nous ayant encore révélé qu'un acte du 10 juin 1330, par lequel Jeanne d'Eu, comtesse d'Etampes, duchesse d'Athènes, alors dame de Château-Chinon, fait don à messire Pierre, seigneur de Nourry, de l'hommage des choses qu'il tient en la paroisse de Vandenesse. Le même mois, Jeanne d'Eu mande à Henry et Jean de Lanty d'entrer en la foy-hommage du seigneur de Vandenesse. Ces de Lanty étaient seigneurs de Poussery et possesseurs du fief Scyal, situé en plein Vandenesse et mouvant de Vandenesse. Les rares renseignements que nous avons pu recueillir sur cette époque nous apprennent que le « jeudy » après les Brandons », 1331, Bérard de Champ-Robert fournit au seigneur de Vandenesse aveu et dénombrement d'un fief sis à Champ-Robert, paroisse de Saint-Jean-Gau. Nous n'avons pu découvrir comment la terre et maison-forte de Vandenesse passa des Boccard aux de Nourry.

L'*Inventaire* de l'abbé de Marolles nous fait connaître les hommages rendus au comte de Nevers, en 1352, par Garnier Gibon, de Beaulieu, pour des maisons tenues de Pierre de Nourry, seigneur de Champallement, et en 1356 par Jean de La Vilotte, écuyer, au nom de Marguerite de Bois, sa femme, pour des héritages à Chauverox et près de Souffin, tenus en fief de Pierre de Nourry, chevalier, seigneur de Champallement, à cause de sa femme.

Pierre de Nourry, qui était conseiller du duc de Bourbon et avait son hôtel à Moulins en Bourbonnais, avait épousé Jeanne de Thianges, fille de messire Gui de Thianges, chevalier, seigneur de Champallement, et de Marguerite de Fontenay (2).

---

(1) *Statistique monumentale du département de la Nièvre*, canton de Moulins-Engilbert.

(2) La sœur de Jeanne, Marguerite de Thianges, épousa Hugues de Lespinasse. Catherine, issue de ce mariage, épousa Girard de Bourbon,

Jeanne de Thianges, qui était dame en partie du châtel de Giry, dut apporter à son mari les seigneuries de Brèves, Tamnay et Asserant.

En 1375, Pierre de Nourry reçoit un dénombrement d'un fief sis à Givry, à cause de sa maison-forte de Nourry, par Pierre le Bâtard de Montantaulme, époux d'Isabeau de Palluaul.

A partir de cette époque le jour commence à se faire et les renseignements deviennent nombreux.

Le fief *de La Forest*, autrement *du Bazois*, paroisse de Pouligny-sur-Aron, relève de Vandenesse, et Pierre de Nourry s'en fait donner dénombrement par Jean de La Forest, écuyer, époux d'Alice Després, 1376. L'année suivante, le 2 mai, Pierre de Nourry achète à Jean de Billy une partie de la terre de Verou; Poussery, mouvant de Verou; il oblige dame Marguerite Mary, veuve de Jean Le Bidaut, vivant seigneur de Poussery, à lui fournir un dénombrement de son fief de Poussery. En 1385, il reconnaît, par une lettre revêtue d'un sceau portant un écusson à une fasce, qu'il ne doit point retenir en sa forteresse de Brèves les hommes ou femmes de condition du comte de Nevers ni aucun de ses bourgeois.

De son mariage avec Jeanne de Thianges, Pierre de Nourry eut deux fils : Étienne et Pierre. En novembre 1391, il maria son fils Étienne à Philippine, fille de Gauthé de Pacac (?), seigneur de Crosette, et lui donna par contrat de mariage (12 novembre) les château et seigneuries de Vandenesse et Nourry, en Nivernais, celles de Breuille et Lailly, en Bourbonnais, et celle de Vallery, en Gâtinais, pouvant produire annuellement 2,000 livres de rentes.

Les archives de Vandenesse ne nous disent rien sur le second fils de Pierre; nous pensons qu'il devint seigneur de Brèves, Tamnay, etc.; car sa fille Anne, épouse de Jean Damas, chevalier, seigneur de Montagu et de Crux en partie, se faisait appeler dame de Brèves, de Tamnay, du Meix-Richard, etc.

seigneur de La Boulaye, veuf de Jeanne de Châtillon; elle s'intitulait dame de Champallement, Pougues et Garchizy.

Comme seigneur de Vandenesse, Étienne de Nourry est presque inconnu. En 1428, il donne, *sans aucune réserve*, à Jeanne Giraud, femme de Guyot des Chaumes, quelques héritages situés au finage de Pouligny-le-Boux ; et le 4 juillet 1440, il fait reconnaître aux habitants de Vandenesse et de Nourry qu'ils lui doivent le droit de tierce et de forcenage, et des corvées à sa volonté, tant à bras qu'à charroyer.

Comme homme politique, il mérite la reconnaissance des honnêtes gens, car il contribua à pacifier son pays.

Il vivait dans ce temps où la guerre était l'unique plaisir, la seule occupation des grands. La force tranchait toutes les difficultés et « y avoit si grande multitude de gens d'armes, que
» tout le pays en étoit couvert et si richement armé et paré
» que c'étoit merveille et grand déduit au regarder les armes
» luisants, leurs bannières ventilants, leur couroy par ordre le
» petit pas chevauchant. » Le pays était foulé, désolé. On ne savait auquel entendre et on ne « faisoit nuls labours de terre
» dont un moult cher temps en naquit. »

Aussi transcrivons-nous ici avec grand plaisir les lignes suivantes que nous avons trouvées dans l'*Inventaire des titres de Nevers*, à la date du 18 juin 1414 : « Pacification faite
» entre les pays et duché de Bourbon, comté de Forez, baron-
» nies de Beaujeu, de Combraille et de Chatel-Chinon d'une
» part ; et ceux de la comté de Nivernois et baronnie de Don-
» ziois d'autre part, par l'avis de noble seigneur messire
» Guichard Dauphin (1), seigneur de Jaligny, grand maître
» d'hôtel du roi, zélateur du bien public de tous les pays et
» médiateur de ce fait, lequel trouva bon qu'une journée fût
» tenue par les gens du conseil de chacune des parties. C'est
» pourquoi furent assemblés nobles hommes Jean, seigneur
» de Chastel-Morand ; Étienne, seigneur de Norry, et Robert
» de Vendat, seigneur de Beauregard, bailli de Bourbon,
» chevaliers, conseillers et chambellans du duc de Bour-

---

(1) Guichard Dauphin était sénéchal de Nivernois, baron de La Ferté-Chauderon et sire de Chastillon-en-Bazois.

» bon...... nobles hommes messires Bureau de La Rivière,
» seigneur de Peschin, gouverneur de Nivernois et Donziois;
» Hugues, seigneur de Ternant, chevaliers, conseillers et
» chambellans du comte de Nevers..... La paix fut faite et
» conclue entre lesdits peuples, de sorte qu'aucun ne pouvoit
» passer les limites desdites seigneuries pour aller faire injure
» ou dommage sur les terres de l'un ou de l'autre. »

L'*Ancien Bourbonnais*, par Achille Allier, que nous venons de parcourir, nous a donné aussi des renseignements précieux sur Etienne de Nourry, et nous nous permettons d'en citer ici quelques-uns : « Le duc (Louis II de Bourbon) avait depuis longtemps confié le gouvernement de sa maison au sire de Nourry, chevalier du Nivernais, renommé pour son grand sens et *sa preud'homie*. Ce seigneur, plein de loyauté et de dévouement aux intérêts de son noble maître, avait établi l'ordre le plus admirable dans l'administration de ses vastes domaines. Il avait sous ses ordres un receveur général des finances... Par les conseils du sage Nourry, le prince avait établi à Moulins, pour son duché et ses autres domaines, une chambre des comptes composée de trois chevaliers et d'un clerc..... Grâce au bon gouvernement du sire de Nourry, le duc avait vu son patrimoine s'agrandir malgré toutes les dépenses occasionnées par les guerres, par ses fondations pieuses...... En arrivant dans son duché de Bourbonnais (1401), la première chose que demanda le duc au sire de Nourry, ce fut un état général de ses dettes et des revenus de ses domaines, qui se composaient alors du Bourbonnais, du Forez, du Beaujolais, de la Combraille et des seigneuries de Château-Chinon et de Clermont en Beauvoisis. Quand cet inventaire fut terminé, le sire de Nourry fit connaître au duc que ses revenus dépassaient quatre-vingts mille francs..... « Vous n'êtes mie pauvre, » dit le preud'homme, « car, la merci Dieu ! avez assez pour vous ac-
» quitter et tenir un grand état comme convient à seigneur de
» votre lignée. Votre conseil et moi avons advisé que les pays
» de Beaujolais, Chatel-Chinon et Clermont en Beauvoisis vous
» auront acquitté dedans trois ans toutes vos dettes ; mais avons

» advisé aussi que, pour payer les mêmes dettes, dont les pau-
» vres gens sont souffreteux, nous chercherons à toutes les
» mains les vingt mille francs auxquels elles se montent ;
» quant aux grosses dettes, nous les assignerons sur les trois
» pays, à certains termes, dont les créanciers seront bien con-
» tens, et ainsi vous serez quitte. Mais encore avons-nous
» advisé, si vous voulez que la chose s'entretienne, que vous
» laissiez en paix les bâtiments de votre hôtel de Bourbon à
» Paris, qui tant vous ont coûté et coûtent, et tous autres édi-
» fices, excepté le couvent des Célestins de Vichy, par vous fondé
» en votre ville, et si vous faites ainsi, il nous est advis qu'avant
» deux ans passés vous serez acquitté. »

« Le duc approuva ces projets et loua beaucoup le sire de Nourry de la sage économie et du zèle qu'il apportait au service de sa maison (1). »

Le duc Louis II de Bourbon, dans son testament, fait en 1409, une année avant sa mort, nomma *son amé le sire de Norry* l'un de ses exécuteurs testamentaires.

En 1423, Henry L'Allemand, possesseur du château de Maulaix, ayant été exécuté pour ses démérites, la comtesse de Nevers envoya Jean de Chalency (*alias* Charenty), capitaine de Luzy, et Philibert du Verne, capitaine du châtel de Decize, pour saisir le château de Maulaix. Ces capitaines-commissaires vinrent jusqu'à Vandenesse trouver Jean de Marry, capitaine du châtel de Vandenesse, et se saisirent, en présence de Guillaume d'Apvril, écuyer, de plusieurs pièces de vin que Jean de Marry avait prises à la motte de Maulaix, appartenant à la comtesse de Nevers, pour *la confiscation et forfaiture* de feu Henry L'Allemand.

Le 31 janvier 1433, le cousin d'Étienne de Nourry, Odard de Lespinasse, chambellan du comte de Nevers, écuyer, seigneur de Champallement, donne par testament 1,200 livres tournois pour fonder une messe de tous les jours en l'église cathédrale de Saint-Cyr de Nevers, par l'un des chanoines, « à

---

(1) *L'Ancien Bourbonnais*, par Achille Allier, p. 637 et 638.

» l'autel de Notre-Dame où se dit la messe de feu le seigneur
» de Norry (1). » Ce testament nous prouve que le souvenir de
Pierre de Nourry était resté vif dans sa famille ; aussi nous
regrettons que les renseignements nous aient manqué sur ce
seigneur et sur ses fils Étienne et Pierre.

Peu après l'acte du 4 juillet 1440, dont nous avons parlé
plus haut, la seigneurie de Vandenesse et Nourry passe à la
famille de Beaufort, par le mariage de Jeanne, fille d'Étienne
de Nourry, avec Louis de Beaufort, comte d'Alais, marquis de
Canillac (2).

(1) *Extrait du* Livre noir *du chapitre. — II. — Statutum et ordinatio de missis celebrandis* (folio 12).....

Die dominica. Missa altaris relliquiarum alias missa auroræ. — Deinde missa de Norriaco ad altare corporis Christi.

Die lunæ... deinde missa de Norriaco ad altare corporis Christi post exitum matutinarum.

Die martis... deinde missa de Norriaco quæ cantari debet post exitum matutinarum ad altare corporis Christi.

Die mercurii... deinde missa de Norriaco ad altare corporis Christi

Die jovis... deinde missa de Norriaco ubi supra.

Die veneris... deinde missa de Norriaco

Die sabbati... deinde missa de Norriaco.

(*Mémoire sur les anciens vocables.* — Abbé Boutillier.)

(2) La maison de Beaufort s'appela d'abord Rosiers, d'une terre située dans le Bas-Limousin ; elle prit le nom de Beaufort d'une terre en Anjou qui fut donnée à Guillaume II, seigneur de Rosiers, par le roi Philippe de Valois, à la recommandation du pape Clément VI. Cette maison, alliée aux plus illustres et aux plus considérables du royaume, a donné deux papes (Clément VI et Grégoire XI), un cardinal, un archevêque de Rouen, puis de Narbonne. Elle s'éteignit dans la personne de Jacques de Beaufort, marquis de Canillac, vicomte de La Motte et de Valernes qui, n'ayant pas eu d'enfants de Jacqueline de Créquy, sa femme, donna ses biens à Jacques de Montboissier, son neveu, fils de Jean, seigneur de Montboissier, et d'Isabeau de Beaufort, sa sœur, à la charge de porter le nom et les armes de Beaufort : *D'argent, à la bande d'azur, accompagnée de six roses de gueules.* Cette substitution se fit en 1511.

La maison de Canillac, qui portait : *D'azur, au lévrier rampant d'argent, armé et collelé de gueules, à la bordure crénelée d'or,* se

Louis de Beaufort s'occupe beaucoup de sa seigneurie.

Le 17 août 1452, une transaction se fit entre lui et Jean Dubox, dit Lanty, seigneur de Poussery ; par cette transaction, chacune des parties « aura et percevra en son particulier les rentes, cens » et autres droits seigneuriaux sur chacun de leurs héritages, » hommes et femmes, et tenemens d'eux qui sont dans la jus- » tice de Vandenesse ; » quant à ceux qui sont hors de ladite justice, le comte d'Alais en aura les trois quarts et le seigneur de Poussery l'autre quart.

En 1459, il s'attaque au seigneur de Château-Chinon et fait déclarer à Saint-Pierre-le-Moûtier, le 8 novembre, que sa justice était du ressort de Saint-Pierre et non de Château-Chinon. Mais le comte de Charolais, seigneur de Château-Chinon, ne perd pas son temps ; il se fait fournir, le 3 juillet suivant, par Louis de Beaufort, un dénombrement de la terre de Nourry. La lutte est commencée entre Vandenesse et Château-Chinon ; elle ne finira qu'en 1678, et Vandenesse en sortira victorieux.

Du mariage de Louis de Beaufort avec Jeanne de Nourry, nous ne voyons pas qu'il soit né d'autres enfants que Hugues, Robert, Jacques, Isabeau et Anne. D'après un contrat de mariage non signé, conservé aux archives du château, cette dernière dut épouser Guillaume de Rochefort, seigneur de Châtillon-en-Bazois. Le mariage n'eut pas lieu. Guillaume de Rochefort épousa, le 4 juillet 1441, Béatrix de Saint-Chéron.

Le dernier de février 1488, Jacques de Beaufort, seigneur de Canillac et vicomte de La Motte (1), vendit les terres, jus-

---

fondit, au milieu du quatorzième siècle, dans la maison de Beaufort, par le mariage de Guérine, fille unique de Marquis, seigneur de Canillac, et d'Alixent de Poitiers, avec Guillaume II, seigneur de Beaufort et de Rosiers, auquel elle porta la terre de Canillac.

(Extrait du *Dictionnaire universel de la noblesse de France*. — M. DE COURCELLES.)

En 1443, Louis de Beaufort rendit hommage au comte de Nevers pour Vendenesse, au nom de Jeanne de Norry, sa femme, fille et héritière de feu Étienne de Norry.

(1) Époux de Jacqueline de Créquy.

tices, fiefs et seigneuries de Vandenesse, Nourry et Pouligny-le-Boux à messire Geoffroy de Chabannes, chevalier, seigneur de Charlus (?), qui n'entra en possession qu'en 1494.

Geoffroy de Chabannes, sieur de La Palice, etc., époux de Charlotte de Prie, fille d'Antoine, sieur de Buzançois, était de cette grande famille des Chabannes, qui porte encore *de gueules, au lion d'hermine, armé, lampassé, et couronné d'or*, et sur laquelle ses fils ont jeté un si vif éclat (1).

La terre de Vandenesse échut d'abord à Jean de Chabannes, chevalier, seigneur d'Arcy, Chastillon, Chezillon, Dompierre, Vandenesse, Nourry et Pouligny-le-Boux, époux de Claude Leviste (2).

Comme militaire, Jean de Chabannes eut sa part de gloire; aussi fut-il surnommé *le Petit-Lion*. En 1509, à la journée d'Agnadel, il fit Alviano prisonnier. En 1515, il contribua au succès de la bataille de Marignan, défendit glorieusement la ville de Come en 1521 contre Pescaire, se distingua en 1522 à l'affaire de la Bicoque, et fut tué, ainsi que Bayard, à la retraite de Rebec, près de Romagnano, 1524.

Comme seigneur de Vandenesse, il trouva le temps d'affranchir, le 20 décembre 1514, la famille Loizeau, qui existe encore, avec commutation à nature de bordelage des héritages qu'elle possédait de servitude.

N'ayant pas laissé d'enfants, son frère Jacques prit, le 8 juillet 1524, possession des terres de Vandenesse et dépendances.

A cette époque Vandenesse, Nourry et Pouligny-le-Boux s'affermaient 490 livres par an. En 1540, le fermage s'éleva à 800 livres; en 1572, à 1,200 livres; en 1625, à 2,000 livres; en 1782, à 18,000 livres.

---

(1) Jacques, maréchal de France; Jean, sieur de Vandenesse; Antoine, évêque du Puy, et Jeanne, femme d'Yves II, sieur d'Aligre, tué à la bataille de Ravenne en 1512.

(2) Claude, fille de Jean Leviste, porta en dot le château-fort d'Arcy, en Brionnais, d'abord à Geoffroy de Balzac en 1503, puis à son deuxième mari Jean de Chabannes en 1516. (Courtepée, t. III, p. 115.)

Que dire de Jacques de Chabannes, si connu sous le nom de La Palice? Toujours en Italie sous Charles VIII, Louis XII et François Ier, son histoire est présente à l'esprit de tous. Nommé maréchal de France en 1515 par François Ier, il fut, nous l'avons dit, un des héros de la bataille de Marignan, et fut tué en 1525 à la bataille de Pavie, livrée contre son avis, et après laquelle le roi-chevalier pouvait écrire à sa mère : « De toutes choses ne m'est demeuré que l'honneur et la vie, qui est sauve. »

Jacques de Chabannes n'eut pas le temps de s'occuper de Vandenesse, dont il ne jouit qu'un an; mais sa veuve, Marie de Meling (1), y demeura avec ses enfants, Charles, Charlette et autres.

Charles de Chabannes épousa Catherine de La Rochefoucault, que nous trouvons désignée comme veuve en 1557.

Sous Charles de Chabannes, la famille de Ponard, qui portait *d'or, à deux pals d'azur*, fait son apparition à Vandenesse. Jean de Ponard, écuyer, époux de Jeanne de Breuil, achète à Claude de Montmorillon, seigneur de Vaux, moyennant 320 livres, *le mex et tènement qui fut à Jacques Dauteville*, et qui mouvait en fief du seigneur de Vandenesse. Ses fils, Artus et Jean, épousèrent : le premier, Barbe ; le second, Marguerite Jacquinet. Nous les retrouverons sous peu.

De 1557 à 1572 les anciens titres du château nous indiquent souvent messire Philibert de La Guiche, époux de dame Léonarde ou Léonore de Chabannes, comme étant seigneur et dame de Vandenesse; mais rien n'est venu nous éclairer sur la valeur de ces qualifications. Ce qu'il y a de sûr, c'est que les Chabannes sont toujours seigneurs de Vandenesse, puisque nous voyons le 17 novembre 1572 Suzanne de Chabannes, épouse de Jean Olivier, seigneur de Leuville, prendre possession de la terre de Vandenesse.

Les Olivier, qui portaient *d'azur, à l'olivier d'or, mouvant d'un croissant de même surmonté de trois étoiles aussi d'or*, étaient une grande famille. François Olivier de Leuville, pro-

(1) Archives de Vandenesse.

bablement le père de Jean, fut premier président du parlement de Paris sous Louis XII et François I*er*. Ce fut lui qui déclara, en 1559, en face de l'évêque de Trente, réclamant pour Ferdinand I*er* les trois évêchés, « qu'on devait couper la tête à qui » favoriserait les prétentions de l'étranger. » L'Hopital appelait Leuville, terre près de Montlhery : *le Temple de la Justice.*

Suzanne de Chabannes est une des grandes figures de Vandenesse. Son activité ne s'arrête pas un moment. Elle affranchit les petites gens, mâte les petits seigneurs et cherche continuellement à se soustraire à la tutelle des grands. Son mari, messire Jean Olivier, seigneur de Leuville, baron de Haultmet, de La Rivière, Charentonville, Vandenesse et autres lieux, gentilhomme ordinaire de la chambre du roy, est toujours désigné comme époux de la dame de Vandenesse ; c'est un *princeps conjux* dont le rôle est complétement effacé.

Le 10 mars 1574, les habitants de Vandenesse reçoivent l'ordre de faire le guet et garde au château pour le garantir des approches de ceux qui se sont révoltés contre l'autorité royale. C'était le moment où les politiques ou malcontents, ayant formé une conspiration contre Charles IX, s'amusèrent de la guerre civile. Les deux favoris du duc d'Alençon, La Mole et Coconas, ayant été décapités et l'armée battue, tout rentra pour quelque temps dans l'ordre. La révolte était loin, mais les précautions sont toujours bonnes à prendre, et Suzanne était prévoyante.

Le 23 juin 1579, Suzanne transige avec messire André Paradis, prieur de Commagny, qui consent à recevoir *en aumône* la somme de dix sols assignée sur la recette de Vandenesse en échange des redevances censivières qui lui étaient dues sur plusieurs héritages situés au finage de Vandenesse.

En 1582, elle se fait fournir un dénombrement par Charles de Reugny, seigneur du Tremblay. Ce dénombrement ne la satisfaisant pas, elle réclame. Le 3 mai suivant, une sentence des requêtes du palais condamnait Louis de Reugny, seigneur de Champloizeau, et dame Claudine du Pontot, sa femme, à reformer le dénombrement fourni à dame Suzanne de Chabannes pour leur fief Seyat et du Bazois….. ; à payer le quart des frais des fourches patibulaires….. et à retrancher le droit de pêcher dans les rivières d'Aron, Dragne et Morte.

En dispute avec la famille de Ponard, elle profite d'un vol de deux bœufs fait au château de Vandenesse pour faire arrêter Artus de Ponard avec ses complices, Benoît Catiez et André Bernard. Par une sentence des prévôts des maréchaux de France au siége présidial de Saint-Pierre-le-Moûtier, Artus de Ponard, reconnu coupable du vol des deux bœufs « et pour » avoir battu la fausse monnoye, » est condamné à être brûlé ; son complice Catiez est condamné à être pendu, et Bernard à assister à son supplice « la corde au col. » De plus, les biens d'Artus de Ponard et de Catiez sont confisqués.

La sentence est à peine exécutée que Suzanne obtient commission de vendre les biens d'Artus de Ponard et de Catiez. Non contente de ce succès, elle se fait adjuger, par décret, les biens des suppliciés et confisque en même temps ce que possédait la veuve d'Artus, Barbe Jacquinet, qui, son contrat de mariage en main, obtint de rentrer dans ses propriétés. Ce malheur n'empêcha pas la famille de Ponard de prospérer. Les filles d'Artus épousèrent, l'une X... du Sosnier, et l'autre Léon du Breuil. Des enfants de Jean, Eme épousa Jeanne de Jissot et Gilbert entra dans la famille du Crest par son mariage avec Marguerite du Crest. On retrouve en Bourbonnais, vers 1670, une Gabrielle de Ponard comme épouse de Denis du Crest. Les du Crest se prétendirent seigneurs de Vandenesse ; la succession ininterrompue des seigneurs met à néant cette prétention. Nous n'avons même pas trouvé dans le pays une propriété qui ait pu leur permettre de s'intituler seigneurs en partie de Vandenesse.

Les biens confisqués sur la famille de Ponard ne profitèrent pas aux successeurs de Suzanne ; ils furent vendus nationalement au moment de la Révolution, et ce sont les seuls qui ne soient pas rentrés dans la terre de Vandenesse.

Quelques années après le supplice d'Artus de Ponard, Suzanne de Chabannes et son mari allèrent rendre compte à Dieu de leurs actions. Leurs biens furent partagés en 1597, et la seigneurie de Vandenesse, Nourry et Pouligny-le-Boux échut à leur fille, Françoise Olivier, qui, la même année, épousa messire Pierre du Bois, chevalier, gentilhomme ordinaire de la chambre du roy, seigneur de Fontaine, Le Plessis, Barbe, Rouzuba, La Braiche et Maron en Touraine.

Pierre, fils d'Antoine du Bois de Fiennes, qui s'intitula baron de Vandenesse, continua l'œuvre de Suzanne.

Le 4 août 1601, il fit condamner Jean Fassin le jeune à payer le *moulage* de deux boisseaux de froment à Eme Pouguin, fermier du moulin banal de Nourry, pour être allé moudre à un autre moulin, et à cinq sols d'amende ainsi qu'aux dépens.

Anne de Guerlay, dame de Guerchy et de Poussery, lui fournit, en 1609, le dénombrement de fief Seyat, et en 1610, messire François Le Bourgoin, seigneur de Champlevrier et Foulin, lui fait foy-hommage pour les héritages qu'il possède dans les villages de Nourry et de Givry. Le 2 mars de la même année, Pierre du Bois afferme le port de Cercy-la-Tour et la pêche de la rivière d'Aron, moyennant quarante-deux livres d'entrée et sous la charge de quarante sols de rentes, qui seront payés moitié à lui, moitié au seigneur de Martigny. Huit jours après, afin d'être libre possesseur de Verou et de La Guette, il achète, moyennant 6,900 livres, tout ce que possédait encore Claude de Bigny, époux d'Antoinette de Saint-Père (1).

Charles de Bourbon, comte de Soissons, seigneur de Château-Chinon ; Charles de Gonzague, duc de Nevers, et autres lui disputent ses droits sur Poussery, qui mouvait de Verou. Le 13 juillet 1613, une sentence des requêtes du palais déclare que

---

(1) Verou et La Guette sont inséparables En 1269, jour de la fête Madeleine, fut faite fondation d'un rézeau de seigle au profit des religieux d'Apponay, à prendre sur la dixme et le champart de La Guette par Jean de Salligny, seigneur de Beaumont. En 1291, Guy de Beaumont donne à Robert, son fils aîné, la terre et seigneurie de Verou, qui passe ensuite à Robert de Billy. Des Billy, Verou en partie passa aux Nourry ; le surplus appartenait, en 1448, à Philippe de Saint-Père, qui était véritablement seigneur de *la tour quarrée* de Verou.

la terre et seigneurie de Poussery appartient à dame de Guerlay au dedans de la féodalité, et relève en foy-hommage de la baronnie de Vandenesse, et condamne aux dépens, dommages et intérêts les intervenants. En 1614, il ordonne de prendre les juges et procureurs de Peron à partie, s'ils connaissent des causes des justiciables de Pouligny-le-Boux.

Il s'intitule bientôt marquis de Leuville (1) et porte toute son attention sur Givry, dont son fils devait prendre le nom. En 1618, il blâme le seigneur de Poussery pour le dénombrement qu'il lui a fourni, et le 20 juin, il fait sommation à dame de Guerlay de se transporter au château de Vandenesse *dans la huitaine*, pour y faire la foy-hommage qu'elle lui doit. La dame de Guerlay ne se dérangeant pas, elle fut obligée d'accomplir son devoir le 8 mars 1619.

L'année suivante, il fait reconnaître ses droits dans la justice de La Guette, où il jouissait de la totalité de la dîme « qui se » lève de treize gerbes l'une ». Désirant étendre ses propriétés le plus loin possible, il fit rendre, le 24 juillet 1649, par le juge de La Guette, une sentence condamnant Jean Tarcis, dit *Arraut*, à un bannissement perpétuel de la province de Nivernois, et portant confiscation de tous ses biens, pour avoir tiré un coup de fusil sur Jean Masson et commis plusieurs violences. Il mourut au moment où la baronnie de Vandenesse allait devenir marquisat.

Messire Louis du Bois, fils de Pierre du Bois et de Françoise Olivier de Leuville, était déjà une illustration militaire. Né en 1616, il servit d'abord dans les mousquetaires, puis il devint, par rang d'ancienneté, premier capitaine dans le régiment de Nérestang. Le 4 avril 1653, il leva un régiment de cavalerie de son nom. Maréchal-de-camp en 1654, il assista à la prise de Rethel, de Mouzon, de Befort ; à la défense des lignes d'Arras, à la prise de Clermont, 1654. Passé en Italie, on le trouve au siège de Pavie en 1655, à la prise de Valence

---

(1) La terre de Leuville était restée à sa femme, Françoise Olivier de Leuville.

en 1656. Lieutenant-général en 1657, il est à la prise des châteaux de Varas et de Novi, et à la prise de Mortare en 1658. Son régiment ayant été licencié en 1661, il obtint le 11 avril 1662 la charge de bailli de Touraine (1).

En décembre 1663, le roy Louis XIV, considérant que la baronnie de Vandenesse « est de grande étendue, tant en sa » consistance qu'à cause des fiefs, terres et seigneuries de » Givry, Noury, Poligny-le-Bois, Verou, La Guette, qui y sont » annexés... et l'une des plus anciennes baronnies du pays », l'érigea en marquisat et accorda « pour ne rien obmettre de ce » qui peut décorer ledit marquisat », trois foires par chacun an et deux marchés par chaque semaine. Les foires devaient être tenues les 26 avril, 26 août et 21 décembre ; les marchés, tous les jours de lundi et de samedi.

Le 26 mars 1664, le Parlement enregistra les lettres-patentes délivrées par le roy à ce sujet.

Louis du Bois et ses fils ne portèrent jamais le titre de marquis de Vandenesse ; ils affectionnaient Givry et signèrent toujours marquis de Givry.

Ce ne fut que le 26 août 1664 que messire Louis du Bois, marquis de Givry (quelquefois du Bois de Fiennes-Olivier) prit possession de la seigneurie de Vandenesse, en vertu de la donation que venait de lui faire dame Françoise Olivier, sa mère. Comme ses prédécesseurs, il ne négligea rien de ce qui pouvait le mettre à l'aise dans sa seigneurie. Son acte le plus important fut l'échange qu'il fit le 7 avril 1667 avec messire Georges de Reugny, seigneur du Tremblay. Par cet échange, Georges de Reugny lui cédait *le fief de la Motte-Scyat*, situé en la paroisse de Vandenesse et mouvant de Vandenesse. Ce fief consistait en la quatrième partie de la justice de Vandenesse, avec tous droits et devoirs seigneuriaux y attachés, plus le bois appelé *Hâte-Scyat*, réuni à la forêt de Vauvré ; *l'étang Scyat*, situé au finage de Chèvres, et un pré appelé *les Hâtes-Scyat*, situé en la

---

(1) Extrait du *Dictionnaire des généraux français*, par M. le chevalier de Courcelles. Paris, 1821.

paroisse de Vandenesse, entre la rivière d'Aron et la rivière Morte.

En contre-échange le seigneur du Tremblay obtint un bois-futaye, appelé *le bois Jourdier*, situé en la paroisse d'Isenay, plusieurs redevances bordelières et censivières dues par les habitants des paroisses d'Isenay, Montaron et Pouligny-sur-Aron, et enfin huit mille livres.

Où était à Vandenesse la maison seigneuriale du fief Scyat ? Nous ne pouvons l'indiquer, Cependant, le 31 décembre 1383, Henry de Lenty, écuyer, fournit à Pierre de Nourry un dénombrement pour les places, maisons, motte et circuits de la Motte-Scyat à Vandenesse. Ce dénombrement est renouvelé le 4 décembre 1405 par Philibert et Guyot de Lenty; le 31 décembre 1448, par Jean Dubox, dit Lanty; le 3 avril 1579, par Louis de Reugny, époux de Claudine du Pontot, et le 20 janvier 1609, par dame Anne de Guerlay, dame de Poussery. Mais nous n'avons pris que les dates de ces dénombrements, parce que nous espérions pouvoir en prendre connaissance plus tard. S'il nous est permis un jour de revoir les archives du château, nous nous empresserons de compulser beaucoup de titres dans lesquels nous trouverons des choses fort précieuses que nous n'avons pu relever à notre première inspection, car le temps nous manquait et il nous fallait en tirer le meilleur profit possible.

Les terres et seigneuries d'Anizy, fief d'Arcilly, La Verdeur, Les Amiraux, Courson et Chevannes-Bureau ayant été adjugées par retrait féodal (1), moyennant 30,500 livres, à Louis du Bois de Fiennes, marquis de Givry, ce seigneur fait au chapitre de Nevers, le 17 juillet 1673, foy-hommage d'une partie de la terre d'Anizy. La même année, Messieurs de la compagnie des fermes générales du roy lui accordent quatre minots de sel à prendre dans le grenier de Moulins-Engilbert. Ne voulant relever d'aucun autre seigneur, à cause de sa terre d'Anizy, Louis du Bois obtint, le 4 septembre 1677, une lettre du conseil du roy portant commission au bailly de Saint-Pierre-le-

---

(1) Sentence du bailliage de Vandenesse du 28 août 1606.

Moûtier de le recevoir à foy-hommage, par mains souveraines, pour sa terre d'Anizy. Il n'en fut pas de même pour Arcilly, qui mouvait moitié du duché de Nivernais, moitié du comté de Château-Chinon. Il en fit foy-hommage le 30 juin 1678. La dame de Château-Chinon ne se regardant pas comme satisfaite, fit saisir les fiefs, terres et seigneuries de Nourry, Vandenesse, La Varenne, Couse et Anizy, faute de foy-hommage.

Une sentence de siège présidial de Saint-Pierre, en date du 27 juillet 1678, déboute la dame de Château-Chinon, lui défend de saisir à l'avenir les terres du marquis de Givry auquel il est « fait défense de reconnaître d'autre seigneur que le roy. »

Aussi bon diplomate qu'il avait été bon général, Louis du Bois eut l'honneur de vaincre des suzerains et de terminer à son profit la lutte commencée depuis longtemps déjà par ses devanciers.

Ce succès ne l'arrête pas ; malgré son grand âge, il bataille encore.

Le 16 mai 1631, Jean de Jacquinet l'aîné, écuyer, sieur de Thurigny, et Jean de Jacquinet le jeune, sieur de Pannessière, avaient vendu au marchand Jean Raffard le domaine de Chèvres, paroisse de Chevannes-Saint-Barthélemy, moyennant 3,300 livres. Le seigneur de Vandenesse laissa l'affaire suivre son cours. Le 14 avril 1679, Jacquette Boisrel, veuve d'Erard Raffard, fils de Jean, et Jean Raffard, son fils, consentent, au profit de messire Paul Pelisson, économe de l'abbaye de Cluny, à cause des prieurés de Semelay, ... (1) et Saint-André-les-Luzy, une reconnaissance de leurs héritages de Chèvres, sous la charge de vingt-un sols trois deniers de rente, par acte reçu Bonneau, notaire. Louis Du Bois réclame alors ses droits de seigneur, et par une sentense des requêtes du palais, en date du 16 août 1684, Jacquette Boiret et Jean Raffard, son fils, sont condamnés à déguerpir et à abandonner en propriété à messire Louis du Bois tous leurs héritages de Chèvres.

Presqu'à la même date, 2 août, nous trouvons une transac-

---

(1) Nom illisible. — Vansé ?

tion passée entre Louis du Bois et messire Jérôme de La Chasseigne, sieur de Rougemont, en qualité de procureur de demoiselle Angélique de Toulonjon, par laquelle sont abandonnés au seigneur de Vandenesse tous les biens que ladite demoiselle de Toulonjon pourrait prétendre en sa qualité d'héritière de Jeanne de Chargères, vivante femme de Charles de Baraul, sieur des Isles, lesdits biens situés en la paroisse de Vandenesse, « au moyen de quoy ledit seigneur s'est tenu pour payé » de tout ce qui pouvait lui être dû par ladite demoiselle de » Chargères. »

Et il s'arrondissait toujours... Débarrassé des grands, il fait déclarer par les habitants de Vandenesse, Nourry, Anizy, etc., qu'ils n'ont aucun droit de pacage, glandage, pâturage ni usage.

Tranquille enfin, il mourut à l'âge de quatre-vingt-trois ans, le 13 décembre 1699.

De son mariage avec dame Françoise Morant, décédée en 1676, sont issus trois fils : Louis-Thomas du Bois Olivier de Leuville, Pierre-François du Bois et Alexandre-Thomas du Bois (1). Du second, nous ne dirons rien, n'ayant rien pu trou-

(1) Alexandre-Thomas du Bois de Fiennes, chevalier, puis bailli de Givry, est né le 12 octobre 1774. Il est page en 1696, mousquetaire en 1699. Capitaine au régiment Dauphin étranger en 1701, il sert à l'armée d'Allemagne. Colonel du régiment d'infanterie de La Marche en 1702; on le trouve, comme son frère, tantôt en Allemagne, tantôt en Italie : aux siéges de Brisak et de Landau; à la bataille de Spire, 1703; à la défense de Chambéry; aux siéges de Suze, de Villefranche, de Sospello, de Sant-Ospicio, de Montalban, de Nice, de Chivas; à l'assaut d'Aumont; à la prise de Montmélian, 1705; à la bataille de Turin, 1706; à la défense de Toulon, 1707. Il est brigadier en 1710 et employé à l'armée du Dauphiné. En 1714, on le trouve en Espagne au siége de Barcelone. Maréchal-de-camp en 1719, il est, avec son frère, au siége et à la prise de Fontarabie, de Saint-Sébastien. En 1733, il retourne à l'armée du Rhin, passe ce fleuve à la tête de vingt compagnies de grenadiers et de deux mille fusiliers. Il est au siége et à la prise de Kehl. Détaché un moment en Franche-Comté, il retourne à l'armée du Rhin en 1734, et devient lieutenant-général le 1er août. En 1740, il est gouverneur de Maubeuge. De 1742 à 1743, il commande le camp de Dun-

ver sur lui ; mais les deux autres ont une longue page au *Dépôt de la guerre*.

Le premier seul nous intéresse ; c'est notre seigneur.

Né le 24 septembre 1668, Louis-Thomas du Bois de Fiennes fut d'abord connu sous le nom de marquis de Givry. Il entra page du roi en 1685, passa aux mousquetaires en 1688, devint cornette au régiment Dauphin-étranger le 15 janvier 1689, et fit la campagne d'Allemagne sous le maréchal de Duras. On le trouve au siége de Mons, au siége et à la prise de Namur, au combat de Steinkerque, au bombardement de Charleroy, 1692 ; au siége de Huy, à la bataille de Neerwinde, au siége de Charleroy, 1693 ; à l'armée de Flandre en 1694 et à l'armée de la Meuse en 1695, 1696 et 1697. On lui donna, à la mort de son père, la charge de grand-bailli de Touraine. Il prit alors le nom de marquis de Leuville. Il était premier capitaine du régiment Dauphin-étranger lorsqu'on lui accorda le régiment d'infanterie de son nom (depuis Boisgelin), 27 avril 1700. Il le conduisit à l'armée d'Italie au mois de décembre suivant ; combattit à Chiari en 1701, passa l'hiver à Mantoue, y fut bloqué, et contribua aux avantages que nos troupes remportèrent dans différentes sorties, où il marchait comme volontaire lorsqu'il n'était point commandé. Il contribua à la prise de San-Benedetto le 26 novembre 1702 ; au siége et à la prise de Verceil, d'Ivrée, de Verue en 1704 ; à la bataille de Cassano en 1705, à la bataille de Calcinato et au combat de Castiglione en 1706.

kerque. Passe en Italie en 1744, avec le prince de Conti, et contribue par la précision de ses ordres à la prise de Villefranche, Montalban et du comté de Nice. Il commanda, le 18 juillet, le corps de troupes qui attaqua et força les retranchements de la Tour-du-Pont et de Belleins dans la vallée de Château-Dauphin. On prit aux ennemis un brigadier, treize officiers, trente soldats, deux pièces de canon, et on leur tua quatre cents hommes. Le bailli de Givry eut la rotule emportée et mourut de cette blessure le 25 août suivant. Son jeune neveu, le comte de Leuville, fils de Louis-Thomas, qui était son aide-de-camp et capitaine de cavalerie, fut tué à cette affaire ; il avait dix-sept ans et venait d'être nommé colonel du régiment de Conti-cavalerie.

Rentré en France en 1707, on le retrouve comme brigadier en 1708 à l'armée du Rhin. Prisonnier en 1712, il s'échappa. Il est au siége et à la prise de Landau, à la défaite du général Vaubonne, au siége et à la prise de Fribourg, 1713. Maréchal-de-camp le 8 mars 1718, il se démit de son régiment. Employé à l'armée de la frontière d'Espagne (1719), il sert au siége et à la prise de Fontarabie, de Saint-Sébastien, etc. Il est lieutenant-général en 1731. Employé à l'armée du Rhin, il se retrouve au siége et à la prise de Kehl. En 1734, il monte plusieurs tranchées au siége de Philisbourg. Après la prise de cette place, il eut le commandement de vingt-quatre bataillons et de douze escadrons. Il obtint, en 1738, le gouvernement de Charlemont. Employé à l'armée que le roi envoyait au secours de l'électeur de Bavière (1741), il commanda toute l'armée comme premier lieutenant-général, en l'absence du maréchal de Belle-Isle, et la conduisit en Autriche. Détaché au mois de mars 1742, pour faire le siége d'Egra, il tomba malade et mourut au camp devant cette ville, le 3 avril 1742 (1).

Nous nous sommes étendu avec intention sur l'histoire militaire des du Bois de Fiennes qui, certainement, n'ont pas manqué de gloire et dont personne ne parle aujourd'hui. Quand il s'agit des Chabannes, tout le monde sait ; nul ne se souvient des du Bois.

. . . . et la foule aux cent voix
Qui rien qu'en les voyant, hurlait d'aise autrefois,
Hélas! si, par hasard, devant elle on les nomme,
Interroge, s'étonne et dit : Quel est cet homme (2)?

(1) Extrait du *Dictionnaire des généraux français*, par M. le chevalier de Courcelles. Nous nous permettons d'ajouter la réflexion suivante, inscrite par M. Rousset, curé de Saint-Gratien, sur ses registres de l'état civil : « 1742. Cette année nous avions deux armées en Bohême
» contre la reine de Hongrie; elle a été obligée de lever le siége de
» Prague par la valeur de M. le maréchal de Broglio, qui commandait
» et qui s'est acquis beaucoup de gloire, car nos troupes étaient à la
» famine et le cheval se vendait, dans cette ville, quinze sols la livre. »
(2) Victor Hugo.

Mais revenons à Vandenesse.

Messire Louis du Bois de Fiennes-Olivier, marquis de Leuville et de Vandenesse, baron d'Anizy, seigneur de Nourry, Givry, Arcilly, Chevannes, Couze, Pouligny-le-Bois, Verou et La Guette, en Nivernais, comte de Fontaine et Maron, baron de Neuvy, seigneur du Plessis et de La Mamussière, en Touraine, et autres lieux, grand bailli du pays et duché de Touraine, maréchal des camps et armées du roy, auquel les titres ne manquent pas plus que les dignités, tient considérablement à ses droits seigneuriaux.

A peine a-t-il pris possession de la terre de Vandenesse qu'il fait reconnaître par M. Lemoine, curé d'Anizy, que « le siége » placé à main gauche en entrant au chœur de l'église d'Anizy, » renfermé d'une balustrade, et en bas planché d'ais, appelé » communément le siége des dames d'Anizy, appartient audit » seigneur, bien qu'encore ledit curé s'en serve pour sa- » cristie. »

Se faisant rigoureusement rendre ses comptes par son receveur, il ne dédaignait pas d'écrire souvent lui-même ses affaires commerciales.

Nous donnerons à la fin de cette étude quelques-unes de ses notes sur le prix du bétail.

En 1706, il obtient du roi la permission de refaire le terrier de son marquisat. Suzanne de Chabannes, qui pensait à tout, avait également fait établir un terrier de sa seigneurie ; mais depuis cette époque plus de deux cents années s'étaient écoulées et bien des changements étaient survenus. Ce travail considérable, qui fut confié à Me Guillier, notaire à Moulins-Engilbert, et à Nicolas Lenermé, arpenteur-juré du roy, demeurant à Nevers, ne fut achevé qu'en 1723.

Pour la délimitation de la justice de Vandenesse, il fallut convoquer le duc de Nevers, à cause de sa justice de Moulins-Engilbert ; Claude-François Sallonnyer de Montbaron, écuyer, seigneur d'Argoulais et de La Montagne, à cause de sa justice de Saint-Honoré ; Pierre-Antoine de Jaucourt, marquis d'Espeuilles, baron d'Huban, seigneur de Brinon-les-Allemants, du Plessis, Montescot et autres, à cause de sa justice du Plessis; Monsieur de Chéry, prieur, seigneur de Chevannes-sous-Montaron, à cause de sa justice de Chevannes; Magdeleine Garnier, veuve de Louis de Reugny, vivant chevalier, seigneur du Tremblay, Isenay, Poussery, Montaron, Pouligny, etc., à cause de ses justices de Poussery, Montaron et Isenay, etc., etc.

L'intitulé du magnifique plan qui fut dressé à cette occasion, et qui est conservé au château de Vandenesse, suffira pour indiquer l'importance du travail : « Carte des terres et justices
» de Vandenesse... qui appartiennent à monsieur le marquis
» de Leuville... dans laquelle sont marquées les situations d'é-
» glises, châteaux, domaines, moulins... par figure d'élévation...
» soit en terres, prés, vignes, bois et pâturaux, le tout approchant de la plus grande régularité que faire s'est pu... en
» conformité des procès-verbaux des limites desdites justices
» qui en ont été dressés par M. Jean-Baptiste Guillier,
» notaire royal à Moulins-Engilbert, en date des... et suivant
» les démonstrations et dénominations faites par Estienne
» Bonneau. Fait et arrêté par nous Nicolas Lenermé, arpenteur-juré du roy, demeurant à Nevers, au mois de juin de
» l'an 1723. »

De son mariage avec dame Marie Voisin, Louis-Thomas du Bois avait eu un fils, le comte de Leuville, qui fut tué, en 1744, à la brillante affaire qui causa la mort de son oncle Alexandre-Thomas, dont il était l'aide-de-camp. Faute d'héritier mâle, la terre de Vandenesse passa dans la famille de Poyanne, par le mariage de Charlotte-Louise du Bois avec Charles-Léonard de Baylens de Poyanne, 8 mars 1745.

La maison de Baylens de Poyanne est une maison d'ancienne chevalerie, qui tire son nom d'un château situé dans les landes de Bordeaux et qui porte : *écartelé, aux 1 et 4 d'or, au levrier de gueules colleté d'argent, aux 2 et 3 d'azur, à trois canettes d'argent* (1).

---

(1) *Dictionnaire universel de la noblesse de France.*
M. de Soultrait indique les du Crest comme succédant aux du Bois

Charles-Léonard de Baylens, marquis de Poyanne, dont un aïeul, Bernard de Baylens, baron de Poyanne, maréchal-de-camp, gouverneur de Dax, sénéchal des Landes, fut fait chevalier des ordres du roi et marquis de Poyanne en 1633, entra aux mousquetaires en 1733. Capitaine au régiment de cavalerie royal-étranger, il se trouve au siége de Philisbourg. Nommé troisième guidon des gendarmes de la garde, avec rang de mestre-de-camp de cavalerie, le 11 mars 1735, il fait la campagne du Rhin. Le 11 novembre de la même année, il obtient le gouvernement de Dax et de Saint-Sever, avec la charge de sénéchal des Landes, sur la démission du comte de Gassion, son oncle. Deuxième guidon en 1739, il est premier guidon en 1740 et mestre-de-camp-lieutenant du régiment de cavalerie de Bretagne en 1741. Il se démet du guidon des gendarmes, rejoint son régiment à l'armée de Westphalie et passe l'hiver dans le duché de Berg. En 1742, il contribue à chasser les ennemis de la Bavière ; en février 1743, il se distingue particulièrement à la prise de Schmidmill et au ravitaillement d'Egra. On se souvient que c'est au camp, devant cette ville, que mourut Louis-Thomas du Bois, dont le marquis de Poyanne devait, deux ans plus tard, épouser la fille. Au mois d'août de la même année, on le retrouve en Haute-Alsace sous les ordres du maréchal de Coigny, concourant à la défaite de trente mille hommes des ennemis qui avaient passé le Rhin à Rhinvillers. En 1744, il aide à la reprise de Weissembourg et des lignes de la Lautern. Brigadier le 13 août, il se trouve à l'affaire d'Hagueneau et au siége de Fribourg. En mars 1745, il aide à la prise de Cronembourg. A peine marié, il est employé, le 1er avril, à l'armée commandée par le prince de Conti, se distingue au passage du Rhin le 19 juillet et est fait prisonnier de guerre à l'arrière-garde. En 1746, il sert sur la Meuse; il est au siége de Charleroy et combat à Raucoux. Le 1er mai 1747, il se trouve à la bataille de Lawfeld. Le 1er jan-

de Fiennes et les Baylens aux du Crest; nous sommes forcé, jusqu'à plus amples informations, à ne pas être de son avis.

vier 1748, il est nommé maréchal-de-camp; il se démet alors du régiment de Bretagne et sert à l'armée des Pays-Bas. En 1754, il est inspecteur-général de cavalerie et des dragons. Trois ans après, il est employé à l'armée d'Allemagne, combat à Hastembeck, concourt à la conquête de l'électorat de Hanovre, marche vers Zell à la tête de tous les carabiniers de l'armée, sert sous les ordres du maréchal de Richelieu, puis sous ceux du comte de Clermont en 1758. Créé lieutenant-général, il combat avec valeur à Creweld. Nommé inspecteur du régiment de carabiniers de M. le comte de Provence, il se porte avec deux mille hommes sur Drentwort. Ayant appris que le corps entier des chasseurs ennemis était à Herberen, il prend ses dispositions, et après avoir forcé cent grenadiers et cent chasseurs retranchés dans une ferme, il chasse les ennemis d'Herberen, leur tue deux cents hommes, fait prisonniers cinq officiers, quatre-vingts grenadiers et met en fuite la cavalerie ennemie. Quelques jours après, il oblige le général Kilmansegy à rentrer dans Munster, d'où il ne put sortir. Le 1er août de la même année 1759, il commande la gendarmerie et les carabiniers à la bataille de Minden, où il fut blessé d'un coup de feu et de plusieurs coups de sabre. A la bataille de Todenhaujen, il reçut un coup de baïonnette et un coup de feu. Le 17 octobre, il commande un fourrage général, où il bat un détachement considérable des ennemis. Employé à l'armée du Bas-Rhin en 1760, sous le maréchal de Broglie, il commande un corps de troupes avec lequel il s'empare, le 28 juin, du port d'Holsdorff, occupe, peu de jours après, Frankemberg, sur l'Eder, et se trouve aux combats de Corbach les 10 juillet et 9 septembre. En 1761, il contribue aux succès des journées des 21 et 26 mars, après lesquelles les ennemis, battus, furent obligés de se retirer avec précipitation. C'est le 26 qu'il fit attaquer l'arrière-garde du prince héréditaire; il la culbuta, lui prit un colonel, un commandant de hussards, soixante hommes et quatre pièces de canon. L'armée se retirant pour prendre ses quartiers d'hiver, le marquis de Poyanne commande l'arrière-garde et ne se laisse pas entamer par l'ennemi. Il passe l'hiver à l'armée, où il est employé en qualité d'inspecteur général au doublement des régiments de cavalerie. Cette opération finie, il se rendit à Gotha, où il commanda jusqu'à l'ouverture de la campagne. Il eut depuis le commandement en chef des carabiniers, et fut créé chevalier de l'ordre du Saint-Esprit le 7 juin 1767. Depuis cette époque jusqu'à la fin de 1781, date de sa mort, il est nôtre, et Vandenesse doit être fier de le compter parmi ses seigneurs.

Le chevalier de Courcelles mit en tête de son *Dictionnaire des généraux français*, auquel nous avons emprunté les détails ci-dessus, ces quatre vers d'Horace :

> Vixere fortes ante Agamemnona
> Multi : sed omnes illacrymabiles
> Urgentur, ignotique longâ
> Nocte, carent quia vate sacro.

Il eut raison ; ces vers sont applicables aux du Bois de Fiennes et au marquis de Poyanne. En France, nous oublions vite, et cependant nous avons besoin de nous souvenir. Puissent ces quelques lignes, consacrées aux vertus guerrières de ces grands personnages, n'être pas perdues pour tout le monde !

Messire Charles-Léonard de Baylens-Olivier de Leuville (1), marquis de Poyanne, Castelnaux, baron de Clermont, Gamarde, marquis de Leuville et de Vandenesse, baron d'Anizy, seigneur de Nourry, Givry, Arcilly, Chevannes, Couze, Verou, La Guette, Les Arraux et autres lieux, époux de dame madame Charlotte-Louise du Bois de Fiennes-Olivier de Leuville, se reposa en créant à Vandenesse un haras qui dota nos contrées d'une race de chevaux, la race morvandelle, malheureusement perdue aujourd'hui.

(1) Il est à remarquer que le nom d'Olivier de Leuville fut conservé par les du Bois et les Poyanne.

En 1774, il fut parrain d'une cloche (perdue aussi), sur laquelle nous avons lu et copié l'inscription suivante :

L'AN 1774 AY ÉTÉ BENITE PAR M{{ie}},
GVILLAVME TOLLET, CVRÉ DE CETTE PAROISSE.
IAY EV POVR PARRIEN M{{ere}} CHARLES DE BAYLENS,
MARQVIS DE POYANNE, CHEVALIER DES ORDRES DV
ROY, LIEVTENANT G{{al}} DE SES ARMÉES, ET POVR
MAREINNE MARIE-CAROLINE, ROZALIE DE
BAYLENS DE POYANNE, SA FILLE, SEIGNEVR
ET DAME DE VANDENESSE.
LES COLLIN ET HVSSON NOVS ONTS FAITES.

Cette inscription nous montre que M{{lle}} de Poyanne était alors dame de Vandenesse ; la marquise n'existait plus en effet, elle était morte en 1761.

M{{lle}} Marie-Caroline-Rosalie de Poyanne ayant épousé très-haut, très-illustre et très-puissant seigneur, monseigneur Elie-Charles Talleyrand de Périgord, prince de Chalais, grand d'Espagne de première classe, colonel du régiment Royal-Normandie cavalerie, porta la terre de Vandenesse dans la maison de Périgord, où elle est restée (1).

Elle est bien loin l'époque où Adalbert, comte de Périgord, fit, à la question de Hugues Capet « Qui t'a fait comte ? » cette fière réponse : « Qui t'a fait roi ? »

La maison de Périgord, qui porte *de gueules, à trois lions d'or, armés et couronnés d'azur*, avec la devise : *Reque Diou*, est une des plus riches maisons de France et elle fait un pieux usage de sa fortune.

Dans son magnifique ouvrage des *Mœurs, usages et costumes au moyen-âge*, Paul Lacroix nous raconte que « dans la châ-

---

(1) Le chef de la famille prend le titre de duc de Périgord ; le fils aîné s'intitule prince de Chalais ; le second, comte de Périgord, etc. La maison de Périgord a été décorée de la grandesse d'Espagne le 1{{er}} octobre 1711.

» tellenie de Montignac, le comte de Périgord recevait des uns
» ou des autres : pour blâme ou plainte, 10 deniers; pour
» querelle sanglante, 60 sols; si le sang n'avait pas coulé,
» 7 sols; pour fournage ou droit de four, le seizième pain de
» chaque fournée; pour la vente du blé dans la châtellenie,
» 43 setiers; on lui devait en outre : du seigle, 6 setiers; de
» l'avoine, 101 setiers; des fèves, 3 setiers; de la cire, une
» livre; des chapons, 8; des gélines (poules), 17; du vin,
» 37 *son mades* (charges de bêtes de somme). Le comte per-
» cevait encore une foule de menus droits : la prévôté, l'écri-
» ture, le péage et les fourrages des villes, le péage du sel, la
» *coutume* des cuirs, des blés, des noix, consistant en prélè-
» vement sur chacune de ces marchandises, vendues aux foires
» et marchés; la *coutume* des aulx, des poteries; le droit de
» pêche, le droit de chasse, la dîme (ou dixième) de tous les
» blés et de tous les vins, etc. Ce digne seigneur recueillait de
» plus, au moyen de certains tributs en espèces sonnantes,
» exigés à l'occasion des bonnes fêtes de l'année, pour la seule
» châtellenie de Montignac, quantité de sommes qui s'élevaient
» parfois jusqu'à 20,000 livres. On peut juger, par ce simple
» aperçu, de ce que le comte tirait, bon an mal an, des autres
» châtellenies de sa riche comté de Périgord. »

Nous n'avons fait cette citation que pour éclairer certaines personnes disposées à croire que la fortune de la maison de Périgord venait spécialement du prince de Bénévent (Charles-Maurice de Talleyrand-Périgord, ancien évêque d'Autun), grand chambellan de Napoléon Ier et ministre des relations extérieures.

Le surnom de Talleyrand fut pris au douzième siècle par Guillaume, descendant des comtes de Périgord, qui, presque tous, portèrent le surnom d'Élie ou Hélie. Si le prince de Bénévent laissa de côté l'évêché d'Autun, longtemps avant lui Élie de Talleyrand-Périgord, fils d'Élie VII, comte de Périgord, né en 1301, fut évêque de Limoges dès 1324 et cardinal peu après. Il contribua par son influence à l'élection de quatre papes : Benoît XII, Clément VI, Innocent VI, Urbain V, et fit dire de lui qu'il avait mieux aimé faire des papes que de l'être. Il fut l'ami de Pétrarque, le malheureux amant de la belle Laure, et c'est probablement à cause de lui que les écrivains chrétiens ont donné du nom de Périgord (*Petrocorensis*) cette interprétation : « A Pierre mon cœur et mon épée. »

Élie-Charles Talleyrand de Périgord, d'abord prince de Chalais, puis duc de Périgord, était maréchal-de-camp en 1791 lorsqu'il émigra. Il avait été colonel en deuxième au régiment cavalerie Royal-Pologne (1er mars 1778) et colonel du régiment Royal-Normandie (1781). La Restauration le créa lieutenant-général et pair de France en 1814.

Son fils, le duc de Périgord actuel, était du nombre de ces jeunes gens de grande famille auxquels Napoléon Ier envoya un brevet de sous-lieutenant après les avoir vus caracoler sur les boulevards de Paris. Il fit la campagne de Russie et devint chef d'escadron. La Restauration le nomma colonel du 1er régiment de cuirassiers de la garde, avec rang de maréchal-de-camp et officier de la Légion-d'Honneur.

Au moment de la Révolution, la terre de Vandenesse dut se vendre nationalement ; mais grâce à l'influence dont jouissaient dans le pays MM. Bonneau du Martray, on ne put guère vendre que Couze, Anizy et le domaine Ponard. Ces messieurs, ayant acheté six cent vingt-six arpents des bois de Vauvray, le gouvernement annula la vente, mais ne trouva pas d'autres acquéreurs. MM. Bonneau du Martray avaient eu le temps de faire couper mille pieds d'arbres avant l'annulation ; ils en firent passer le prix au prince de Chalais, alors en Suisse. Ils rachetèrent Couze, firent racheter Anizy et purent remettre ces terres à leur légitime propriétaire, en lui rendant compte de la manière dont ils avaient administré l'ancien marquisat de Vandenesse pendant son émigration.

Malgré toute la réserve qui nous est commandée en un sujet aussi délicat, nous ne résistons pas au plaisir de citer le passage suivant d'une lettre adressée par la princesse de Chalais *au citoyen Bonneau du Martrais, par Autun, à Luzy*.....
« Vous permettrez que je remette nos intérêts entre vos mains

» et que nous nous dirigions sur tous les points par vos con-
» seils... M. de Chalais me charge de vous parler de lui, Mon-
» sieur, ainsi qu'à Monsieur votre frère ; vous devez être tous
» persuadés, l'un et l'autre, des sentiments d'estime et d'atta-
» chement que nous vous avons voués pour notre vie et avec
» lesquels je suis votre très-humble et obéissante servante.

» Signé : Poyanne-Chalais.

» Ce 22 fructidor.

» A Paris, n° 85, rue du F^b Honoré. »

III.

PAROISSE, ÉGLISES.

La paroisse de Vandenesse (*ecclesia de Vandenessa, 1151*) érigée en 1032, par Hugues-le-Grand de Champallement, évêque de Nevers, était à la collation du prieur de Mazille. Dans le registre-terrier de l'évêché de Nevers, rédigé en 1287 et publié par M. René de Lespinasse, on trouve au titre *Queste presbyterorum que fiunt de biennio in biennium* que Vandenesse devait xx sols à l'évêque de Nevers.

Les dîmes appartenaient au curé. Le 16 mai 1408 un traité passé entre Pierre, seigneur de Nourry; Pierre de Chitoy, prieur de Mazille, et tous les habitants de Vandenesse, d'une part; — sire Guy Garin, curé de Vandenesse, et sire Jean Moreau, vicaire, d'autre part, règle que « les habitants s'en-
» gagent à payer la dixme en la treizième gerbe au lieu de la
» dix-neuvième qu'ils payaient cy-devant sur les terres sujettes
» à la dixme, et à l'égard de celles qui avaient coutume d'être

» franches, elles sont conservées franches, à la charge par les-
» dits habitants de payer à la Saint-Barthélemy, après moisson,
» audit curé, savoir : les femmes veuves qui ne tiendront point
» de bœufs, deux gerbes seigle et une froment; celui qui
» liera un ou deux bœufs, deux de froment et une de seigle ;
» celui qui en liera quatre, trois de seigle et deux de froment;
» ceux qui auront six bœufs, trois gerbes de froment et trois
» de seigle; ceux qui auront plus de bœufs, à proportion.... »
Un pouillé de Nevers, de 1628, indique que la cure de Vandenesse produisait huit cents livres de revenus.

Quand les moines de Mazille venaient à l'église de Vandenesse, ils passaient par les Vies-d'Aron, les Thiots et la rue de la Boudière, où était le *Pont-au-Moine* dont on voit encore les traces près de la maison de Choppin Léonard.

La vieille église qui se tient tristement debout entre les restes des forges et la motte sur laquelle se trouvait le *castrum* de Bouessart est aujourd'hui la propriété de M. de Périgord, auquel elle fut cédée en échange des sacrifices qu'il fit pour l'édification de la nouvelle. Elle se compose d'une abside romane et d'une nef non voûtée; pauvrement construite, elle doit dater du commencement du douzième siècle. On prétend qu'elle fut en partie brûlée par les huguenots en 1570 et restaurée peu après. Nous n'avons, jusqu'à présent, rien trouvé de relatif à cet incendie.

Convertie en magasin à bois, cette vieille église a conservé certain attrait pour les habitants du pays, parce que l'évêque constitutionnel Tollet y est enterré et que personne n'a encore songé à faire transporter ses restes au cimetière.

La nouvelle église, bâtie de 1858 à 1860, est une belle mais un peu trop petite construction de style roman, composée d'un beau clocher-porche de trente-deux mètres de hauteur, d'une nef avec des voûtes d'arêtes parfaitement exécutées, d'un transept et d'une abside en hémicycle éclairée par trois fenêtres. De chaque côté du chœur se trouve une chapelle ; l'une sert de sacristie; l'autre a été concédée à M. le duc de Périgord. Un cartouche placé dans cette chapelle rappelle que :

PAR ARRÊTÉ DE S. EXC.
MONSIEVR LE MINISTRE DES CVLTES
EN DATE DV XXVII AVRIL MDCCCLIX
CETTE CHAPELLE A ÉTÉ CONCÉDÉE
A PERPÉTVITÉ
PAR LA FABRIQVE DE L'ÉGLISE SVCCVRSALE
DE VANDENESSE
A AVGVSTIN-MARIE-ÉLIE-CHARLES DE TALLEYRAND
DVC DE PÉRIGORD
BIENFAITEUR DE LA PAROISSE.

L'un des bras de croix sert de chapelle aux sœurs. On y voyait, il y a quelques années, un tableau représentant la Purification de la Vierge, qui avait été rapporté de Nevers par l'évêque Tollet lorsqu'il revint dans son ancienne paroisse. Ce tableau a été vendu moyennant 200 fr. par la fabrique à Mgr Forcade qui, après l'avoir fait retoucher et magnifiquement encadrer, en a orné un des salons de l'évêché. Un autel récemment peint par M. Etienne Bonneau du Martray porte une belle statue de la Vierge.

L'autre bras de croix contient un autel qui attend la statue de saint Étienne, patron de l'ancienne paroisse de Nourry.

Saint Saturnin, patron de l'ancienne église, est resté celui de la nouvelle qui, à l'intérieur, au-dessus de la principale porte d'entrée, contient l'inscription suivante :

DEO . OPT . MAX.
SVB INVOC. B. SATVRNINI EPIS. ET MART.
HANC ECCLAM. SVMPT. FIDELIV. PAROCHIÆ VANDENESSE
PRÆSERTIM AVGVST. MARIÆ CAROLI DE TALLEYRAND
DVCIS PETROCORENSIS
ET LVDOV. ADRIAN. BONNEAV DV MARTRAY DICTI LOCI MAJORIS.
LVDOV. LENORMAND ARCHITECTA PETRO FRANCISCO VICT. LEROY
ADIVTORE
ÆDIFICATAM
RR. PP. FREDER. GABRIEL MARIA FRANCISC. DE NARGVERIE

ÆDVENSIS EPISCOPVS
A RR. PP. DOMINICO AVGVST. DVFETRE EPISCOPOS NIVERNENSI
TVNC TEMPORIS ÆGROTANTE ROGATVS
CONSECRABAT
KALENDIS OCTOBRIS ANNO AB INCARNATIONE DOMINI MDCCCLIX
ADERANT AVGVST JOSEPH CROSNIER PROT. APOST.
ARCHIDIACONVS NIVERNENSIS.
R. P. LAVIGNE EX SOCIETATE JESU PRÆDICATOR
ALEXAND. BOVLET PAROCH. RECTOR, SVPRADICT. BONNEAU
DU MARTRAY, EIVSQVE ADMINISTER
JOANNES LAFAYE NECNON EDMVND. GVILLELMVS CANTONNET
PRÆSES FABRICÆ.

Il est à regretter que dans cette inscription le graveur ait indiqué 1859 comme étant l'année de la consécration. La date exacte est 1860 (1). L'acte authentique de cette consécration, déposé dans le maître-autel, est ainsi conçu :

« L'an 1860, le 1er octobre, nous évêque d'Autun, nous ren-
» dant aux instances de Mgr l'évêque de Nevers, avons consa-
» cré cette église et cet autel en l'honneur de saint Saturnin,
» évêque et martyr, et nous y avons déposé les reliques des
» saints martyrs Savinien, Potentien et Adrien ; nous avons
» accordé un an d'indulgences à toutes les personnes présentes
» à la cérémonie, comme aussi nous accordons quarante jours
» d'indulgences, dans la forme usitée, à tous les fidèles qui
» visiteront cette église le jour anniversaire de sa dédicace. »

Trois belles cloches, donnant les notes *fa, sol, la,* fondues par souscription et bénites le 25 mai 1873 par Mgr Forcade, évêque de Nevers, archevêque nommé d'Aix, viennent d'être suspendues dans le clocher de l'église, d'où elles répandent dans le pays leurs sons harmonieux. Toutes les trois portent les armes

---

(1) Ce n'est pas la seule erreur qu'il a commise. Nous les rectifions ici.

du pape Pie IX et celles de M. le duc de Périgord ; elles sont de plus revêtues des inscriptions suivantes :

1re *Anno Domini nostri Jesu Christi MDCCCLXXIII. Pio nono regnante.* — *In honorem Beatæ Mariæ Virginis Immaculatæ.* — *Audite quæso, sermones meos et agite penitentiam.* — Je me nomme Marie. — Mon parrain a été le très-noble Élie-Charles de Talleyrand-Périgord, duc de Périgord; ma marraine a été sa petite-fille, très-noble Cécile-Charlotte-Marie de Talleyrand-Périgord. — Jean-Émile Greuzard étant curé de Vandenesse. — Étaient présents : Adrien Bonneau du Martray, maire de Vandenesse ; Pierre-Philippe Poitoux-Gauthé, président du conseil de fabrique ; Jean-Marie Doussot, trésorier de la fabrique.

2º *Anno Domini...* — *Pio nono...* — *In te cantatio mea semper.* — Je me nomme Cécile. — Mon parrain a été le très-noble... — Jean-Émile Greuzard... — Étaient présents : Adrien Bonneau du Martray, maire de Vandenesse; Charles Bourgoin et Louis Maribas, fabriciens.

3e *Anno Domini...* — *Pio nono...* — *Magister adest et vocat te.* — Je me nomme Charlotte. — Mon parrain a été le très-noble... — Jean-Émile-Greuzard... — Étaient présents : Adrien Bonneau du Martray, maire de Vandenesse; Gilbert Hervet-Buisson, fabricien.

IV.

LA COMMUNE, LE BOURG, LA VERRERIE, LES FORGES.

La commune de Vandenesse a été formée par la réunion des deux paroisses de Vandenesse et de Nourry. Elle compte 1,303 habitants, d'après le dernier recensement (663 hommes et 640 femmes), et renferme 3,169 hectares 15 ares 00 centiares (1). Le bourg, un des plus coquets du canton de Moulins-Engilbert, est arrosé par la Dragne et traversé du nord au sud par la route départementale n° 7, de Decize à Saulieu, et de l'est à l'ouest par le chemin d'intérêt commun n° 6, de Saint-Honoré à Montigny-sur-Canne. Il est le chef-lieu d'une perception dont dépendent les communes d'Isenay, de Montaron, de Montigny-sur-Canne, de Préporché et de Saint-Honoré. On y trouve un bureau de poste aux lettres desservant les communes d'Isenay et de Montaron. En 1846, M. le duc de Périgord y fonda un établissement d'instruction dirigé par cinq sœurs de Nevers. Jusqu'à l'âge de sept ans les enfants des deux sexes sont admis gratuitement dans une magnifique salle d'asile. Après cet âge, les filles continuent à recevoir gratuitement l'instruction dans un corps de bâtiment qui touche la salle d'asile; les garçons vont à l'école communale payante.

Le territoire de la commune se compose d'alluvions, de terrain tertiaire et de terrain jurassique.

Les alluvions suivent à peu près le cours de la Dragne et ne présentent que peu d'étendue en largeur. Le terrain jurassique entoure presque tout le bourg de Vandenesse. Au Mousseau et aux Vies-d'Aron, des carrières de pierres calcaires de bonne qualité sont exploitées avec activité; de nombreux fours à chaux alimentent les pays environnants, et notamment les villages du Morvand. Nous avons vu au Mousseau les emplacements bien conservés de cinq fours à chaux romains; de nombreux vestiges de tuiles en attestent encore l'existence.

Le terrain tertiaire occupe le reste de la commune. Nous y avons trouvé quelques silex grossièrement taillés qui nous faisaient espérer mieux.

Deux voies romaines partant de Saint-Honoré (*Aquæ Nisinei*) se dirigeaient l'une sur le Bazois, l'autre sur Decize. Les traces de la première sont bien indiquées près de Vandenesse, à Arcilly et à Anizy. Celles de la seconde le sont moins;

---

(1) M. le duc de Périgord possède sur cette quantité 2,591 hectares 22 ares 63 centiares.

cependant on peut les retrouver près de la chapelle Saint-Jacques, dont nous parlerons tout à l'heure, et au bout de la petite queue de l'étang de Chèvres qui, mis à sec, a révélé leur présence. Cette voie devait ensuite se diriger sur le territoire de la commune de Montaron, pour gagner Cercy-la-Tour, puis Decize.

D'après une vente de portion d'un bois appelé Vauvré, faite le 4 mai 1617, par le marquis de Leuville à M. Sallonnyer de Montbaron, seigneur de La Montagne, il est dit : *le tiers devers le haut tenant du levant au chemin ferré de ladite montagne à Remilly...* En cherchant dernièrement cette voie, vous avons trouvé, avec le frère qui nous reste et auquel revient l'honneur de ce travail, puisque c'est lui qui nous a donné le goût des études historiques, nous avons trouvé dans des endroits jusqu'alors inexplorés, et sur une étendue d'au moins cinq cents mètres, quantité de tuiles romaines à dessins nombreux et variés. Des fouilles bien dirigées conduiraient, nous en avons la conviction, à des découvertes intéressantes.

Une autre voie romaine est le chemin de Vandenesse à Château-Chinon, cité dans un terrier de Commagny, de 1451, conservé aux archives du château de Vandenesse. Nous n'avons pas eu la faculté de lire ce terrier, et nous le regrettons, car il nous eût été facile de retrouver la direction du chemin en prenant note des tenants et des aboutissants. M. de Soultrait est le premier, à notre connaissance, ayant cité ce chemin d'après le texte même du terrier : « Le grand chemin réal que fit faire » feu de bonne mémoire pour le temps qu'elle vivoyt la royne » Burnichede. » Tout le monde sait aujourd'hui que la reine Brunehaut, qui fit rétablir les dehors de plusieurs chemins romains, passa longtemps pour les avoir fait construire, ce qui lui valut de leur donner son nom.

Si nous ne sommes pas suffisamment renseignés sur l'occupation romaine, nous ne le sommes pas du tout sur la verrerie royale de Vandenesse (c'est ainsi qu'elle est désignée dans les registres de l'état civil) qui existait encore il y a cent ans. La verrerie royale avait son siège principal au lieu dit *la Verrerie*, situé à peu près à deux kilomètres du bourg, à gauche du chemin d'intérêt commun n° 6, qui conduit au canal du Nivernais et près de l'Aron. On ne trouve aujourd'hui aucune trace des constructions qui y existaient autrefois et qui sont encore indiquées sur le plan de 1723 dont nous avons parlé.

Les registres de l'état civil nous ont conservé les noms d'une foule d'ouvriers étrangers qui étaient venus apporter le secours de leur savoir : Montausier, ouvrier en cristal ; Boudin, ouvrier de place en cristal; Laurent Bouxsel, ouvrier verrier ; Duranton, époux de Louise Cornovello, marchand de verres ; Lousri ; Surlin, qui devint Cherlin ; Touranche, qui devint Tourange ; Reimbolde, Etinker, Dollestal (Jacob), Mafran, Astram, Matheus, qui devint Mathé, etc.

Quand Louis-Thomas du Bois de Fiennes fit refaire le terrier de Vandenesse, il eut quelques difficultés avec les seigneurs ses voisins, pour les limites de sa justice et ses droits sur la rivière d'Aron.

Le seigneur du Tremblay, trouvant sans doute le moment favorable, fit saisir un bateau chargé de bouteilles que son suzerain de Vandenesse faisait diriger sur Decize par la rivière d'Aron. Un procès s'ensuivit naturellement, et une sentence de 1722 donna gain de cause au seigneur de Vandenesse.

En 1752, le chevalier Charles-Séraphin-Melchior de Cherbon dirigeait la verrerie royale de Vandenesse, dont nous n'avons pu découvrir la date de la disparition.

Le haut-fourneau était bâti près de l'ancienne église, tout à côté du moulin banal. La première pièce que nous ayons trouvée le concernant est un bail du 1er janvier 1754. Par ce bail, M. le marquis de Poyanne afferme pour dix-huit ans, à commencer dudit jour et moyennant deux mille livres par an, à Joseph Mollerat, la forge de la Loge, le cours d'eau et le moulin de Vandenesse, jardin et pré de la Vorne, domaine du Tout, glandée, pâturage et chauffage.

Ce haut-fourneau, ainsi que sa succursale de l'étang de Chèvres fut, un moment, exploité par l'artillerie, qui fit fondre des boulets (1). Tout lui présageait un long avenir. En 1854 encore, M. de Magnitot, préfet de la Nièvre, écrivait dans son rapport au conseil général, page 111 :

« ..... La plupart des petites forges aux bois, si nombreuses
» autrefois dans le pays, ont presque toutes cessé d'exister par
» suite de l'impossibilité où elles se trouvaient de soutenir la
» concurrence des grandes usines. Si l'on réfléchit cependant à
» l'importance énorme des ressources forestières de la Nièvre,
» au préjudice considérable que les bois du Morvand éprouvent
» depuis que l'approvisionnement de Paris ne leur offre plus
» le même débouché, on comprend tout l'intérêt qui se ratta-
» cherait à la réouverture de ces anciens hauts-fourneaux au
» charbon de bois. Aussi dois-je vous signaler l'activité nou-
» velle qui a été donnée en dernier lieu aux usines de Vande-
» nesse. Un haut-fourneau pour la fonte y existait déjà depuis
» plus d'un siècle. M. le duc de Périgord, de concert avec la
» société de Châtillon et de Commentry, a construit une seconde
» tour à côté de la première. Il serait à désirer que cet exemple
» pût être suivi, car la consommation annuelle de deux hauts-
» fourneaux est de vingt mille stères de charbon, résultant de
» la coupe de trois cents hectares de bois-taillis âgés de dix-huit
» à vingt ans. Conséquemment six mille hectares sont néces-
» saires pour alimenter cette usine ; en supposant un accroisse-
» ment régulier, une partie des bois du Morvand trouvera de
» cette manière un emploi avantageux. Près de Vandenesse,
» l'ancien haut-fourneau et la forge de Chèvres sont encore en
» chômage. Si, comme il est permis de le croire, les circons-
» tances permettent de rouvrir cette usine, l'approvisionnement
» en charbon de la forge et des trois hauts-fourneaux exigerait
» la coupe annuelle de cinq cents hectares de bois, et l'aména-
» gement ne roulerait pas sur moins de dix mille hectares de
» forêts.

» Vandenesse est pour cet objet dans une position unique.

(1) De 1830 à 1846.

» C'est le centre des vastes bois de Fours, Briffaut, Montambert,
» Cercy-la-Tour, Buremont, Vauvray, Larochemillay, Châtil-
» lon, La Gravelle, Vincence, Saulière, Arleuf et Corancy. La
» situation n'en est pas moins heureuse pour l'approvisionnement
» en minerai de fer; car, outre les ressources que peuvent offrir
» les minerais en roche peu connus aujourd'hui des communes
» de Villapourçon et de Larochemillay, les minerais du
» Berry, de qualité supérieure, arrivent facilement au port
» d'Isenay. »

Un nouveau malheur était cependant sur le point de fondre sur Vandenesse.

Vers 1864, M. Belgrand, qui exploitait alors le haut-fourneau, ne sentant plus sa position suffisamment bonne, résilia son marché avec M. de Périgord. Certaines personnes prétendent que la compagnie de Châtillon et Commentry fit des démarches pour rendre aux forges de Vandenesse la position qu'elle y avait eue précédemment. Ces personnes ont sans doute été mal informées, car dès 1865 la pioche fut mise dans les murs des fours et la destruction de l'établissement s'opéra rapidement.

Une cour et un champ de pommes de terre, voilà ce qui reste de l'endroit d'où se répandit dans le pays tant d'argent pendant plus de cent années !

V.

NOURRY, GIVRY, LA CHAPELLE-SAINT-JACQUES, LE FIEF SCYAT, ETC.

Nourry (*Noriacum*, 1237, *Norry*, *Noury*) était le chef-lieu d'une paroisse à la collation du chapitre de Saint-Cyr de Nevers. D'après le registre-terrier de l'évêché de Nevers, la cure de Nourry devait x sols à l'évêque; elle produisait six cents livres à son titulaire.

Nourry était un fief très-important, avec haute, moyenne et basse justice, mouvant du comté de Château-Chinon. Depuis le moment où les de Nourry devinrent seigneurs de Vandenesse ce fief est resté uni à la seigneurie de Vandenesse (1).

Le rédacteur du terrier de 1721 nous apprend que « la mai-
» son seigneuriale de Nourry est en ruines et destruitte depuis
» longtemps; il ne reste que les murs de deux grosses tours
» qui marquent l'ancienneté de ladite maison, appelées les
» tours de Noury. »

On a beaucoup disserté, depuis quelques années, sur les tours de Nourry, qui seraient les restes d'un temple catholique d'après les uns, protestant d'après les autres. Les dernières démolitions faites, il n'y a pas longtemps encore, ont mis à découvert les vestiges certains d'une chapelle catholique, si l'on doit s'en rapporter à la vieille statue en pierre placée dans une niche à côté de la porte d'entrée du domaine actuel, et qui représente la vierge Marie. Cette statue est petite et fort large relativement à sa hauteur. Dans ses deux immenses mains la Vierge tient l'Enfant-Jésus assis à angle droit. La mère et l'enfant sont couronnés et portent chacun un collier au cou.

Cette chapelle était, sans doute, un oratoire faisant partie du château de Nourry qu'on trouve nommé dans tous les vieux titres ; ainsi, un aveu et dénombrement est fourni « le mardy
» après la Nativité de Notre-Dame mil trois cent cinquante-
» quatre, à Jean, seigneur de Norry, *à cause de son chatel-*
» *fort de Norry*, par Perrin Le Froux de Givry, écuyer; »

La dernière tour du château de Nourry fut démolie, il y a une vingtaine d'années à peine. La motte du château est consi-

---

(1) L'abbé de Marolles indique qu'un hommage est rendu au comte de Nevers, en 1403, par le seigneur de Norry, Brèves, Tamnay et Asserant, pour le grand chemin qui va de Lormes jusqu'à la maladrerie de Huban; cet acte est revêtu d'un sceau du seigneur de Nourry, sur lequel il est représenté debout, armé, appuyant sa main gauche sur l'écusson de ses armes qui porte une fasce. M. de Soultrait donne pour armes à la famille de Nourry : *d'azur, au sautoir d'or, cantonné de quatre couronnes à l'antique de même.*

dérable et révèle l'existence d'un formidable château féodal surveillant les montagnes de Château-Chinon, du Beuvray, de Saint-Honoré, etc.

On a trouvé dans les environs de nombreux fragments de mosaïques et des traces de constructions romaines.

En 1721, le moulin banal de Nourry, avec huilerie, maison, grange, étable, biez, écluse, chaume, cours d'eau, jardin, terre et pré, est affermé à Benoît Guyot moyennant la somme de 360 livres d'*entrage* et sous l'annuel et perpétuel bordelage de douze livres, vingt-six boisseaux de seigle et quatorze boisseaux de froment, mesure de Vandenesse, « bon bled, bien » vanné et étappé »; rendu conduit au château de Vandenesse, en deux payements égaux, « le premier au jour et feste de saint » Jean-Baptiste et le second au jour et feste de Noël, et encore » deux pouletz et deux chapons aussi chacun an. » Le premier pourra contraindre tous les « mouvants et habitants » de la paroisse de Nourry et du village de Givry « sujets à la bannie » d'aller moudre audit moulin tous les bleds de leur nourriture... Il ne pourra prétendre aucun droit de pêche dans la rivière de Dragne « et escluse du moulin ».

L'église de Nourry n'existe plus; elle était placée sous le vocable de saint Etienne. Mais, en perdant son église, Nourry n'a pas perdu le souvenir de son patron. Tous les ans, au mois d'août, le jour de l'invention des reliques de saint Etienne, on danse sur l'emplacement de cette église.

En 1717, M. Louap signait : curé de Vandenesse, desservant Nourry. En 1762, M. Rebreget, curé de Vandenesse, indique Nourry comme étant annexe de Vandenesse.

Le plus ancien curé de Nourry dont nous ayons trouvé le nom est Pierre de Migniers, sieur de Givry, 1499. Cent ans après nous trouvons Jean Robin ; en 1547, messire Léonard de Champonnier, et en 1639 Jean Robert. Quatre noms seulement !

Près de Nourry existaient autrefois l'étang des Varennes et l'étang de Chevannes. Le premier s'empoissonnait de cinq cents de carpes et le second de huit cents de carpes.

Givry, dont le nom fut porté longtemps par les du Bois de Fiennes, peut-être parce qu'il était porté dans le Berry par les membres d'une illustre maison, est indiqué par M. de Soultrait comme s'appelant *maison-fort Gevry* en 1335. Nous n'avons encore rien trouvé dans les archives du château de Vandenesse qui ait pu nous éclairer sur l'assertion de M. de Soultrait. Le dernier terrier de Vandenesse dit que « la maison seigneuriale
» de Givry consiste en trois chambres basses, la cave, le gre-
» nier, couvert de thuilles, un autre bastiment consistant en un
» pressoir et une écurie couverte d'esseaulnes, la cour entre
» deux, un jardin et deux petites ouches, le tout contenant dix
» boisselées de terre. » Ce n'est pas évidemment là que nous pouvons retrouver la trace d'une maison-forte.

Nous avons souvent remarqué, dans un champ qui longe la route de Moulins-Engilbert, à peu de distance de Givry, une butte située à l'extrémité d'un assez grand plateau et sur laquelle nous avons trouvé des débris d'antiques poteries, des fragments de briques, d'ossements d'animaux et des moellons en grès rougeâtre ; nous serions tenté de fixer sur cette butte, qui peut mesurer vingt-cinq mètres de diamètre, l'emplacement de la maison-forte. Les fossés, qui pouvaient avoir de six à huit mètres de largeur, sont parfaitement marqués par une terre noirâtre et bourbeuse formant comme une sorte de cordon autour de la butte. Au nord-ouest et à l'ouest, partie qui paraît avoir été le plus défendue, deux retranchements sont encore suffisamment indiqués, malgré la herse et la charrue qui, chaque année, nivellent le sol. Il est à remarquer cependant que les sources des environs sont dans un endroit beaucoup plus bas que la butte. Les fossés étaient-ils alimentés par des puits aujourd'hui disparus ou bien l'eau de pluie suffisait-elle à les remplir ? C'est ce que nous nous demandons.

De cette butte on en voit facilement une autre du même genre située à peu de distance, de l'autre côté de l'Aron, à Sozay, commune d'Isenay.

Quoi qu'il en soit de toutes ces suppositions, il est certain que Givry dépendit à bonne heure de Nourry. Nous avons cité à ce sujet un aveu et dénombrement de 1354 ; nous en citerons un autre de 1375 pour un fief sis à Givry, fourni à Pierre de Nourry, à cause de la maison de Nourry, par Pierre le Bâtard de Montantaulme, à cause de noble demoiselle Isabeau de Palluaul sa femme.

Vers 1500, la plus grande partie des héritages de Givry étaient possédés par noble Jean Le Bourgoin, seigneur de Champlevrier, de Champcharmo, etc.; le 31 juillet 1503, Etienne Myné, de Givry, paroisse de Nourry, déclare qu'il est homme de condition servile de noble Jean Le Bourgoin, qui lui-même devait foy-hommage au seigneur de Vandenesse pour les héritages, *droits et devoirs* qu'il avait dans les villages de Nourry et de Givry.

En 1545, des baux nous montrent que Claude de Beaudouin, seigneur de Beaudouin (dont nous avons fait Baudin, commune d'Isenay) possédait plusieurs héritages au finage de Givry.

Un pressoir étant indiqué dans la description citée plus haut de la maison seigneuriale de Givry, nous avons voulu retrouver les vignes qui étaient nécessaires à son alimentation et qui ont disparu depuis longtemps. Un vieux terrier nous a servi à souhait en nous nommant : *la vigne Gaudier*, tenant du levant au chemin de Givry à Arcilly..., et contenant l'œuvre de dix hommes; *la vigne Gautherin*, tenant du levant à l'ouche au Poupon, du domaine Fassin..., contenant l'œuvre de vingt hommes; *la vigne Richard*, tenant du midi à la rue allant de Givry à la prairie..., contenant l'œuvre de six hommes.

Il n'est pas sans intérêt de remarquer que les prescriptions de Charles IX n'ont pas été suivies à Vandenesse. On sait qu'une affreuse disette ayant désolé la France en 1566, ce roi ne craignit pas d'ordonner d'arracher les vignes pour les remplacer par la culture des céréales. Henri III modifia bien vite cette sauvage prescription.

La chapelle Saint-Jacques (*capella de Sancto Jacobo*) une des cinq églises désignées en 1151 dans la bulle du pape Eugène III comme dépendant du prieuré de Mazille, était située dans les bois, sur l'ancien chemin de Vandenesse à Saint-Honoré. Son emplacement est encore très-visible aujourd'hui à un peu plus de trois kilomètres de Vandenesse, à droite de la route en allant à Saint-Honoré. Si nous nous en rapportions à l'énorme quantité de débris qui l'entourent, nous serions tenté de croire que cette chapelle remplaça une importante construction romaine. Des fouilles bien faites pourraient seules venir corroborer cette supposition. Une voie romaine passe près de là pour gagner Chèvres, Cercy-la-Tour et probablement Decize.

La chapelle Saint-Jacques était, paraît-il, un édifice fort grand bâti sur le sable. Les murs ne commençaient à être fortement cimentés qu'à cinquante centimètres au-dessus du sable.

Cent hectares de bois futaie, appelés *le Parc*, entouraient cette chapelle et devaient vraisemblablement être une réserve pour les chasses des seigneurs de Vandenesse. Doit-on supposer que cette chapelle était un rendez-vous de chasse pour les veneurs qui venaient y faire célébrer la messe avant de se lancer à la poursuite des fauves? Les forêts royales avaient jadis leurs chapelles, et beaucoup de villages, comme Les Loges, Chelles, etc., n'eurent pas d'autre origine.

Était-ce un simple lieu de repos pour les pèlerins? Faute de renseignements plus précis, nous ne pouvons que lui donner un souvenir.

Chèvres. « Le domaine de Chièvres, appartenant au seigneur
» de Vandenesse, dont les bastiments et quelques héritages
» sont situez en la paroisse de Chevannes-sous-Montaron et le
» surplus en celle de Vandenesse, » possédait, il n'y a pas longtemps encore, un haut-fourneau sur le grand étang de Chèvres, comprenant cinquante-six hectares et s'empoissonnant de dix milliers de carpes. Cet étang, comblé depuis au moins quinze ans, figure encore sur la carte vicinale de la Nièvre que M. l'Agent-Voyer en chef vient de faire dresser. Nous restons forts en topographie.

La tradition a conservé sur l'étang de Chèvres la petite historiette suivante dont nous ne garantissons pas la véracité. Un étang situé dans les environs de Morillon et communiquant par un ruisseau avec l'étang de Chèvres, appartenait aux RR. PP. du tiers-ordre de Saint-François de Moulins-Engilbert, qui y pêchaient leur nourriture des jours maigres. Certaine année, un prompt dégel ayant suivi de fortes gelées, un débordement emporta la chaussée de l'étang des bons Pères. Les carpes suivirent tout naturellement le cours de l'eau qui les porta dans l'étang de Chèvres, où elles restèrent. A la suite d'une très-humble requête adressée par les Pères au seigneur de Vandenesse, il leur fut répondu que l'étang de Chèvres se péchant tel jour, ils pourraient envoyer un des leurs avec un tonneau pour mettre les carpes réclamées. Au jour dit le Père délégué s'avança vers Chèvres, le capuchon sur les yeux, suivi d'une voiture. Dès qu'il fut près de la chaussée, le gruyer du seigneur, se retournant vers les pêcheurs : « Toutes les carpes » portant un petit capuchon vous les remettrez au Père, » dit-il, et il partit aussitôt. Le Père fut obligé de s'en retourner sans carpes, mais un peu vexé des rires causés par les paroles du trop facétieux gruyer.

Les forges de Chèvres furent construites par M. Louis-Claude Bonneau du Martray et à ses frais, ainsi que le constate l'article 3 d'un bail de 1818, passé entre lui et M. de Périgord. D'après ce bail, le remboursement des sommes dépensées par M. Bonneau devra lui être effectué par estimation et à dire d'expert ; mais il est expressément entendu que les chevaux employés au transport des cordes de bois destinées à être converties en charbon seront muselés.

Fief Scyat. Le fief « qui fut aux hoirs Scyat » et qui passa des Lanty aux du Pontot et de ceux-ci aux de Reugny, par le mariage de Claudine du Pontot avec Louis de Reugny, « rele-
» vait du marquisat de Vandenesse et consistait en la qua-
» trième partie de la justice dudit lieu, avec tous droits et
» devoirs seigneuriaux y attachés. » Aussi, les possesseurs du fief Scyat s'intitulaient-ils « seigneurs de Vandenesse en partie, » ce qui ne laissait pas que de gêner les grands seigneurs du

pays, qui finirent par l'acquérir le 7 avril 1667 par acte reçu Guippier, notaire royal. Nous avons cité, plus haut, divers dénombrements de ce fief fournis pendant près de trois cents ans aux seigneurs de Vandenesse, et nous avons dit ne pouvoir indiquer où était située la maison seigneuriale. Mais nous avons relevé la plus grande partie des héritages qui composaient ce fief, et qui tous étaient enchevêtrés dans les héritages de même nom du seigneur du pays, ce qui nous ferait supposer que dans le principe ces héritages étaient possédés par une même personne. Un terrier refait en 1571, par Edme de Reugny, seigneur de Joux, Rigny, La Chapelle, Pourchy, La Fourchaulne, Reugny, Lancray, Ladmirault, *Vandenesse en partie*, nous dit que :
« vénérable et discrète personne messire Jean Michot, prebtre,
» curé de Vandenesse, pour son logement, de son bon gré,
» pure, franche et libérale volonté, a promis, doibt et sera tenu
» dire ou faire célébrer chacun an, jour et feste de saint André,
» en l'église dudit Vandenesse, une messe basse à la dévotion
» des trépassés et prédécesseurs dudit seigneur, et chacun
» dimanche et festes annuelles dire ung *Libera* soubz les.....
» du clocher de ladite église, à l'intention du seigneur et de ses
» prédécesseurs. » Le curé de Vandenesse était donc alors logé dans une maison dépendant du fief Scyat.

D'après le relevé que nous avons commencé, ce fief s'étendait depuis l'Aron jusqu'à la forêt de Vauvré, en passant à Vandenesse, où il comptait plusieurs maisons dans les endroits appelés « village du Fichault, village de La Boudière, etc. » De longues recherches seraient nécessaires pour recomposer ce fief, fort intéressant, mais très-inconnu jusqu'à présent.

Le village du Fichault est ce groupe de maisons appelé aujourd'hui *le Quart* et qui touche le domaine de la Perrière. C'est au bas *du Quart*, sur la Dragne, qu'a été transporté, il y a quelques années, l'ancien moulin banal de Vandenesse. Cet ancien moulin touchait les forges ; il « tenait du levant à la
» fausse rivière de Draigne, du midy au chemin allant de
» l'église (la vieille) à la cure, du couchant au chemin de la
» cure à Nourry, du nord à l'ouche de la grange du domaine

» Ponard. » Le bail du 14 juillet 1748, fait par le marquis de Poyanne à Joseph Branlard, nous donnant tous les renseignements désirables sur ce moulin, nous nous empressons d'en extraire les passages suivants :

« Le moulin banal de Vandenesse, situé et assis sur la
» rivière de Draigne, auquel tous les habitants, paroissiens et
» justiciables de Vandenesse, sont obligés d'aller moudre leurs
» grains pour leur nourriture et de leur famille, suivant la cou-
» tume..... pour par ledit preneur donner et délivrer chacun an
» auxdits seigneur et dame..... la quantité de six-vingts bois-
» seaux de blé, mesure de Vandenesse, moitié froment et moitié
» seigle, bon bled, bien vanné, sec et marchand... Sera tenu
» aussi ledit preneur de faire moudre les bleds desdits seigneur
» et dame, tant pour leur nourriture que de leurs domestiques
» et ouvriers, ensemble de leurs fermiers ou receveurs et de
» leurs familles franches de moudure et sans prendre aucun
» droit.... »

Anizy, Arcilly, Couze, Verou, La Guette, etc., ne faisant point partie de la commune de Vandenesse, nous sommes obligé de n'en rien dire. S'il nous est permis de nous occuper plus tard des communes dont ces terres dépendent, nous ferons notre possible pour satisfaire les amis du temps passé.

VI.

LES REGISTRES DE L'ÉTAT CIVIL.

Les registres de l'état civil des six communes de la perception de Vandenesse sont les premiers documents historiques dont nous ayons pris connaissance. Par suite des annotations, souvent curieuses, dont les prêtres chargés de leur rédaction avaient l'habitude de les couvrir, ces registres, jusqu'alors négligés par les historiens, ont été pour nous une précieuse source de découvertes.

Ceux de Vandenesse commencent le 14 juillet 1606; malheureusement, jusqu'en 1691 ils sont souvent interrompus et en fort mauvais état.

Avant de les parcourir, nous citerons les noms suivants des curés de Vandenesse que les archives du château nous ont conservés :

1408. Sire Guy Garin, curé, et sire Jean Moreau, vicaire.
1527. Jean Guyot, chanoine de Nevers, curé.
1542. Claude Loiseau, curé.
1571. Jean Michot, curé.
1630. Jean Mathé, curé.
1612. 12 février. Baptême de François de Bongars, fils de noble François de Bongars et de Charlotte de Fiennes. Parrain, noble Edouard du Lys, écuyer, seigneur de Jailly; marraine, Mlle de Grandval.

    Les Bongars, que nous voyons unis aux du Bois de Fiennes, de Vandenesse, eurent des alliances avec les de Chargères et furent longtemps seigneurs d'Arcilly. Dans l'assemblée générale des trois-ordres réunis à Nevers en 1789, nous trouvons, parmi les nobles assignés à comparaître, Jean-Nicolas de Bongars, chevalier, mestre-de-camp de cavalerie et chevalier de l'ordre royal et militaire de Saint-Louis. La maison de Bongars était alors bien déchue; car il est relaté dans le procès-verbal de l'assemblée de la noblesse, séance du 24 mars, que:
« après la lecture du procès-verbal de la séance de la
» veille, un des membres ayant fait envisager à la
» chambre qu'après s'être occupée avec zèle du bien
» public, elle saisirait sans doute avec plaisir l'occa-
» sion de donner au plus âgé de ses membres, M. le
» chevalier de Bongars, un témoignage de la haute
» estime que lui ont acquise ses vertus militaires et
» sociales; elle a arrêté que ses députés aux États-
» Généraux seraient priés de chercher, au nom de la
» noblesse du Nivernois, les moyens de rendre heu-

> reux les derniers jours de ce brave gentilhomme, en
> procurant au seul neveu qui lui reste de son nom
> les occasions de placer ses enfants d'une manière
> conforme à leur naissance..... »

1612. La même année, on trouve comme parrain Charles de Barrault, et comme marraine Jehanne de Jacquinet. Les de Jacquinet étaient seigneurs de Vilaine, de la châtellenie de Moulins-Engilbert.

1674. Chevannes-sous-Montaron (quelquefois Chevannes Saint-Barthélemy) est indiqué comme annexe de Vandenesse.

1677. Julien, curé de Vandenesse.

1677. 6 mars. Mariage de Charles de Barrault, sieur des Isles, et de damoiselle Jeanne de Chargères. Nous avons parlé de ces personnages en racontant la vie de messire Louis du Bois. Nous retrouverons les de Chargères à Saint-Honoré et à Montaron.

1678. 10 mars. Baptême, à Saint-Étienne de Nourry, où est parrain Me Claude Chenevier, *recepveur* du marquis de Vandenesse.

1699. Me Pierre Raffard, chirurgien.

1702. Me Hilaire Vaudin, receveur.

1703. 4 décembre. Baptême de Jean-Lazare, fils de messire François de Chargères, seigneur de Vaux, et de Mme Élisabeth de Bongars. Parrain, Lazare de Chargères, écuyer, seigneur de Roudon et de La Queuldre; marraine, damoiselle Jeanne de Ponard, qui ont signé avec M. Duchemin, curé.

1703. 12 décembre. Baptême où est parrain Jacques Regnaut, lieutenant de la ville de Saint-Saulge.

1703. 16 août. Mariage de Louys Griveau et d'Anthoinette Robin, veuve de François Camus, assistés de..., desquels le serment pris... ont affirmé sur le foy qu'ils doivent à Dieu, sur la part qu'ils prétendent dans le paradis, devant le sacrement, que ledit François Camus est mort à Avignon ayant été administré, *in duobus vel tribus testibus stat omne verbum*... Signé : Duchemin, curé.

1704. 6 juillet. Est parrain de Gaspard, fils d'Alexandre Renard, journalier, noble Gaspard de Facion, sieur de Risé, qui ne signe.

1707. Septembre. Inhumations sans nombre, parmi lesquelles on trouve, les 13, 14, 15, 16 et 20, celles de *quinze enfants trouvés morts dans les bois et dont on ne sait pas les noms.*

1709. 11 février. Ont esté conjoints en sacrement do Mariage honorable homme Vincent Demarest, lieutenant au régiment de M. le marquis de Leuville, brigadier des armées du roy, et Marie Duchemin, veuve de feu M. Pierre Dantau, marchand, en présence de M. Greneteau, bourgeois de Paris, et de Pierre Duchemin le jeune, qui ont signé. — Ce Greneteau est indiqué dans l'acte de son décès (24 mai 1715) comme étant *mestre de dense au château de Vandenesse.*

1709. Juillet, août et septembre. Inhumations de neuf *enfants des bois trouvés morts dont on ne sait les noms.*

1710. 3 janvier. Inhumations de quatre enfants morts dont on ne sait les noms.

5 janvier. Inhumation d'un pauvre mort dans une grange dont on ne sait le nom.

29 janvier. Inhumations de trois enfants morts dont on ne sait les noms.

10 et 18 février. Inhumations de cinq enfants morts dont on ne sait les noms.

2 mars. Inhumations d'une femme et deux enfants morts dont on ne sait les noms.

15 mars. Inhumations de deux hommes morts dont on ne sait les noms.

26 mars. Inhumation d'une fille morte dont on ne sait le nom.

1714. M. Louapt signe : curé de Vandenesse, desservant Nourry.

1721. Baptême de Louise, fille de Jean Dalma et de Pierrette Bonneau. Parrain, Louis Adenot, officier de M. le marquis de Leuville, qui signe ; marraine, Louise Bonneau, demeurant chez Mme la comtesse du Tremblay, qui ne signe.

1723. « La présente année, il est arrivé un accident au Mou- ceau, village de Vandenesse, où le tonnerre est tombé environ minuit du 11e au 12e may; il a brûlé cinq bâtiments, tout le bétail y est demeuré; un homme âgé d'environ cinquante-cinq ans, nommé Claude Poitoux, aussi bien que le fils de Jacques-Joseph et de Louise Coudand, âgé de deux ans, ont péri dans l'embrasement. J'en ay enterré les restes au cime- tierre. Je n'ay pas fait mention de ces deux morts ailleurs, d'autant qu'ils étaient si consumés par les flames, qu'il ne restait rien de leurs cadavres. — Signé : Louapt. »

1726. 19 juin. A été inhumé dans la nef de l'église paroissiale, proche le pilier à côté de la chapelle de la Vierge, Jean Pougault, étudiant à Vandenesse, fils de mestre Jean Pougault, avocat en Parlement, et d'honnête damoi- selle Marie Pougault, âgé de dix ans.

1727. 1er juin. « J'ay inhumé un étranger pauvre, mort subite- ment le dernier de may, nommé Michel, dont ses camarades, vagabonds comme luy, n'ont pu me dési- gner le surnom. »

1727. 26 novembre. « A été inhumé au cimetière un étranger nommé Jean, dont on ignore le surnom; il est mort subitement; il travailloit en pionnerie dans cette paroisse. »

1729. 1er septembre. Baptême de Jean, fils d'Étienne Louap, marchand. Parrain, Me Jean Gaucher de Praslin, escuyer, officier chez M. le marquis de Leuville, maré- chal des camps et armées du roy; marraine, honnête fille Lazaire Louap. — Signé : Gaucher de Praslin, Louap. Les Louap étaient marchands drapiers à Nourry. Le curé de Vandenesse était leur parent; il mourut le 6 septembre 1735, et fut suivi dans la tombe, les 9, 12 et 15 du même mois, par trois membres de sa famille.

1735. Le 13 novembre. M. Rebreget, qui était curé d'Isenay, dresse son premier acte comme curé de Vandenesse. Il était parent, par les femmes, du receveur Buteau, dont la famille eut des alliances avec celle du sieur Cohin, greffier de la justice.

1744. Après l'acte qu'il enregistra le 1er octobre, M. Rebreget écrivit : « On apprend que M. le comte de Leuville a
» été tué le 18 septembre par les Vaudois ; il étoit
» capitaine de cavalerie dans le régiment du roy,
» nommé colonel du régiment de Conti-cavalerie, cy-
» devant aide-de-camp de M. le bailli de Givry, lieu-
» tenant-général des armées, décédé de la suite de ses
» blessures au château Dauphin. M. de Leuville étoit
» âgé de dix-sept ans. » (Voir l'article que nous avons écrit en note sur M. Alexandre Thomas du Bois de Fiennes.)

1754. 9 febvrier. Baptême de Charlette-Jeanne, fille d'honnête homme René Montausier, maître ouvrier en cristal, et d'Élisabeth-Charlette Lemaire. Parrain, maîte Jean Boudin, ouvrier de place en cristal à la verrerie royale de Vandenesse ; marraine, honnête fille Jeanne Buteau, lesquels ont signé.

1754. 3 novembre est né et le 4 a été baptisé Louis-Charles-Pierre-Marie, fils de M. Jean Boudin, maître ouvrier de place en cristal à la verrerie royale de Vandenesse, et de dame Françoise Lannois. Le parrain a été le sieur Jean Bernard, au lieu et place de messire Pierre-Marie, marquis de Lupé, capitaine dans le régiment de Bourgogne-cavalerie ; la nommée Marie Buteau a été marraine pour Mme Louise-Charlotte du Bois de Fiennes de Leuville, marquise de Poyanne et de Vandenesse. Signé : Luppé, Leuville de Poyanne, Bernard, Buteau.

1760. M. Guillaume Thollet devient vicaire de Vandenesse. Il disparaît en 1764, et est remplacé par M. Belin, auquel succèdent M. Branlard en 1768 et M. Charpin en 1772.

1764. « L'an 1764, le 10 octobre, Etienne Astrain, né dans cette
» paroisse l'an 1720, cy-devant sergent dans le régiment
» de Nalan, s'est présenté à moy avec la patente de
» son congé d'invalide de la compagnie de Salin, datée
» du 30 septembre dernier, disant vouloir faire sa
» résidence à Vandenesse et y jouir des priviléges
» accordés par Sa Majesté. » Signé : Rebreget, curé.

Nous ne savons encore si le roy avait accordé des priviléges particuliers à Vandenesse. La verrerie royale a peut-être été cause de l'octroi de ces priviléges que nous ignorons.

1772. M. Guillaume Thollet réapparaît. Il est alors curé de Vandenesse. Depuis sa prise de possession, il fit disparaître l'h de son nom, quoique presque tous ses parents eussent conservé cette lettre, tout en ayant eux-mêmes retranché le t final.

Nous avons recueilli beaucoup de notes sur ce curé, qui fut évêque constitutionnel de la Nièvre ; nous les publierons dès que nous aurons pu les compléter.

1780. 7 février. Mariage de Claude Imbart-Latour, marchand épicier, fils de défunts Pierre Imbart-Latour, fermier, et de M⁽ᵐᵉ⁾ Marie Morvauchet, de la paroisse de Luzy, — et M⁽ˡˡᵉ⁾ Elisabeth Anciau, fille de maître François Anciau, marchand, et de Marie Charles. Signé : Ausiode, Imbart dit Latour, Imbart dit Latour, Pierre Anceau, Jean Anciaut, Frensois Anceau.

1789. 9 janvier. « Le sieur François-Marie-Claude Charleuf,
» bourgeois et régisseur de la terre de Chassi, époux en
» premières noces de dame Françoise-Gilberte Du-
» bosque, âgé de trente-huit ans ou environ, décédé
» d'hier, muni des sacrements de Pénitence et d'Extrême-
» Onction, a été inhumé en présence du sieur François
» Poulet, curé d'Ysenay ; du sieur Alexis Bourgeois,
» prêtre, vicaire de Commagny ; du sieur Pierre Char-
» leuf de La Rue, avocat en Parlement, son frère ; du
» sieur Gaspard Brossard, régisseur du fourneau, et

» autres qui ont signé avec nous. » Signé : Poullet, Bourgeois, Brossard, Martin de Tard, Charleuf de La Rue, Tollet.

1790. Le 6 novembre. Les registres sont tenus par M. Pougault, ancien curé de Sardolles, en l'absence de M. Tollet, qui reprend ses fonctions le 24 décembre.

Depuis le 15 mars 1791, M. Dubois, vicaire de Commagny, puis en 1792 curé de Vandenesse, tient les registres. A partir de 1793, il devient membre du conseil général de la commune et est chargé de la rédaction de l'état civil; il signe d'abord *officier public*, puis *curé-officier public*. Démissionnaire en décembre 1793, il est remplacé comme officier public par Jean Coudand.

L'an IV de la liberté (1792), M. Joseph Anciau était maire; il est bientôt remplacé par M. L.-C. Bonneau. En 1795, Jean Joseph devient maire, et Pierre Poitoux officier public. En 1796, M. Claude Bonneau redevient agent municipal; il signe les registres. Son rédacteur est peu habile; mais au mois d'octobre on retrouve l'écriture de l'évêque Tollet qui, revenu à Vandenesse, se chargea complaisamment de la tenue des registres de l'état civil. En 1798, Jean Joseph étant redevenu maire, M. Tollet ne rédigea que rarement les actes. A partir du mois de juillet 1798, il s'y remit, et jusqu'en 1805, époque de sa mort, tous les actes sans exception sont écrits par lui. Le 9 juin 1800, il signa son premier acte comme maire.

VII.

ARCHIVES DU CHATEAU. — EXTRAITS DE QUELQUES TITRES.

Nous ne citons ici que les pièces dont nous n'avons pu parler dans le cours de cette étude et que nous avons pu parcourir à la hâte.

1338. Jeudy après la fête Pentecôte. Aveu et dénombrement fournis par Seguin d'Anizy, seigneur baron d'Anizy, à Jean de Bourgogne, à cause de sa seigneurie et châtellenie de Moulins-Engilbert, pour partie de la baronnie mouvant en fief dudit Moulins.

1323. En latin. Acte de foy-hommage du fief de Poussery, donné au seigneur de Verou, par-devant Jean de Cossaye, notaire.

1371. Mardy, fête de sainte Catherine. Aveu et dénombrement du fief de Poussery, fournis par demoiselle Jeanne, dite Lebidaut de Mont-Arriaut, à Robert de Billy, seigneur de la tour et maison de Verou, à cause de ladite tour.

1378. 28 may. Dénombrement du fief de Poussery, fourni à Pierre de Nourry par dame Marguerite de Mary, veuve de Jean Lebidaut.

1389. 26 juin. Copie d'un acte de vente faite par Izabeau de La Tournelle, dame d'Anizy, à Jean Maulsin, d'Anizy, son homme serf, de la moitié de tout le mex et tenement Seguin-Baron, jadis aussi son homme serf.

1392. 1er septembre. Sentence des requêtes de palais qui condamne Guyot des Prés à reconnaître la charge de servitude de mainmorte au profit de Pierre de Nourry.

1394. Veille de la Nativité de Notre-Seigneur. Acte par lequel appert que les justiciables de Pouligny-le-Bois doivent au seigneur dudit lieu des corvées, et que les Bourbon dudit Pouligny sont gens de condition servile.

1411. Ordonnance du lieutenant-général de Saint-Pierre-le-Moûtier qui ordonne à tous les habitants les plus près d'Anizy d'y faire le guet-et-garde.

1437. Demoiselle Alippan de Billy, veuve de feu Henry Bauge, écuyer, est indiquée comme dame de Verou.

1437. 2 septembre. Huguenin de Miniers, écuyer, est nommé comme possesseur de la motte d'Arcilly et de tout ce qui en dépend. Il vend le 4 octobre 1449 à demoiselle Jeanne Leclerc ses héritages à Arcilly, Vandenesse, etc.

v

1441. Dénombrement de la terre et seigneurie d'Arcy, paroisse d'Anizy, fourni par Jean de Champrobert, au nom de Marguerite La Blanche, sa femme, à noble Jean de Rochefort, seigneur de Châtillon-en-Bazois.

1445. 25 mars. Bail à bordelage fait par le seigneur de Vandenesse et Pouligny-le-Bois, de la moitié d'un moulin assis sur la rivière de Bouron, sous la charge de 5 sols, un boisseau froment et une géline.

1448. 1er avril. Aveu et dénombrement du fief Anne de La Forest (le Bazois) fournis à Louis de Beaufort par noble Philibert de Cossaye, seigneur de Chaumigny et Pouligny-sur-Arron, époux de Anne de La Forest.

1448 10 juin. Aveu et dénombrement fournis à Philippe de Saint-Père, seigneur de la tour de Verou, par noble Jean de La Forest, seigneur de Martigny, de son fief de Martigny, relevant de ladite *tour quarrée* de Verou. Philippe de Saint-Père était époux d'Agnès de La Colatelle.

1454. 20 avril. Aveu et dénombrement d'un fief sis à Givry, fournis à Louis de Beaufort, à cause de sa terre de Nourry, par noble homme Philibert Bureau, écuyer.

1459. 26 septembre. Déclaration faite par Huguenin et Jean Lureaux, qui reconnaissent être de condition servile et taillables-corvéables de demoiselle Loyse de Champdeo, dame d'Anizy.

1463. Pierre et Philibert de Frasnay frères, écuyers, sont désignés comme seigneurs barons d'Anizy.

1474. 17 janvier. Bail à bordelage fait par Philibert Anceau, seigneur de Varzy en partie, d'une pièce de vigne près le lieu-dit la Tour-de-Billy (Verou).

1479. 22 octobre. Transaction passée entre Pierre et Martin Court, d'une part, et Philibert Court, maréchal, d'autre part, par laquelle ce dernier renonce à la communauté de ses frères, moyennant sa forge et tous les outils de son métier, *un bon lict garni de quatre linceulx*, une nape, un banc, une table, un poêle et le logement et nourriture de lui et sa femme dans l'hôtel de la communauté jusqu'à Noël prochain (Arcilly).

1479. 26 aoust. Foy-hommage faite à M. le duc de Brabant, comte de Nevers, par le *marquis de Canillac*, fils de Louis de Beaufort et de Jeanne de Nourry, seigneur et dame de Vandenesse, pour tout ce qui est tenu en fief dudit comte. Ce fils de Louis de Beaufort était Hugues de Beaufort. Jacques de Beaufort se faisait appeler seigneur de Vandenesse et de Canillac, vicomte de La Motte.

1492. Érard de Digoine, seigneur de Chaumigny, cède à Jean de Saint-Père, seigneur de Verou en partie, époux de Paule Le Bourgoin, différents droits sur Chaumigny et Saint-Gratien.

1498. 10 mars. Commission de Bonne d'Artois, comtesse de Nevers, ordonnant aux habitants d'Anizy de faire le guet-et-garde à la forteresse dudit lieu.

1504. Messire Amorat de Frasnay, prêtre, curé de Chevenon, est désigné comme seigneur d'Anizy. A sa mort (1519) sa succession se partage entre ses neveux et nièces, Jacques, Philibert, Antoine de Frasnay, etc.

1504. 12 juillet. Acquisition faite par Guillaume Sallonnier sur Mgr le duc de Nevers du droit de justice moyenne et basse de Couze, moyennant 115 livres tournois. Couze relevait de la châtellenie de Moulins-Engilbert et entra dans la terre de Vandenesse, où il est resté.

1513. Antoine Garenne, paroissien de Cressy, diocèse d'Autun, reconnaît être homme de Jacques de Frasnay, seigneur d'Anizy et de Cressy, et confesse lui devoir à la Conception de Notre-Dame quatorze gros de taille.

1522. 4 janvier. Michel Lebaut, prêtre, curé de Chevannes, fait une acquisition à Jean Perrin, paroissien de Vandenesse, pour 55 sols et sous la charge de 3 deniers dus à M. de Reverien, prieur et seigneur de Chevannes.

1524. 8 juillet. Acte de prise de possession des terres de Vandenesse et dépendances par messire Jacques de Chabannes, après la mort de messire Jean de Chabannes, son frère.

1533. Foy-hommage par dame Marie de Meling, veuve de Jacques de Chabannes, du fief de Nourry, à puissante princesse Mme la duchesse de Longueville, à cause de son comté de Château-Chinon.

1533. 1er septembre. Reconnaissance faite au profit de l'abbaye de Cluny, par Jean Roy, de plusieurs héritages sis au finage de Chèvres.

1540. 10 octobre. Concession de droit d'usage dans certains bois faite par Louis de Frasnay, seigneur d'Anizy, à trois habitants, pour y envoyer sept pourceaux mâles, deux truyes et leurs suivants, sous la charge de 5 sols et un rez d'avoine d'usage à Noël, au lieu de 3 sols 4 deniers et 1 boisseau avoine qu'ils *souloient* payer.

1546. 7 février. Reconnaissance consentie au profit de Charles de Chabannes, seigneur de Vandenesse, par François Bureau, curé de Maulaix, d'ouches sises au finage de Givry, sous la charge d'un sol et une géline de bordelage.

1551. Cession par Jean Brechard, seigneur de La Motte et de Marligny, à Claude Goussot, époux de Jeanne du Pont, de la terre et seigneurie de Marligny.

1550. Cession par Geneviève Le Roy, veuve de Martin de Chérie, à Jean de Saint-Père, de tous ses droits sur diverses redevances concernant les villages de Marligny, Verou, Chaumigny et Vendone.

1550. Par suite du décès de Guillaume Sallonnier, son fils Antoine eut Couze en partage. Il épousa Jeanne Le Bourgoin, dont il eut : 1° Marie Sallonnier, épouse de M. Véron, dont le fils, François, se fit appeler M. de Couze; 2° Marie, femme de Louis Lamoignon; 3° Jeanne, femme de François Maudrot.

Les religieux du couvent de Moulins-Engilbert avaient une rente de dix livres sur le domaine de Couze.

1566. Vente par Reine de La Forest, veuve de Guillaume de Frasnay, à Charles de Frasnay, de la justice d'Anizy, moyennant 4,800 livres.

1567. 12 mars. Affranchissement de servitude par Charles de Frasnay, seigneur d'Anizy, à Jean Guignard et autres, pour la somme de dix livres, par acte.

1569. 31 août. Bail à bordelage de portions d'héritages sis au finage d'Anizy, fait par le chapitre de Nevers au profit du seigneur d'Anizy, sous la charge de 4 livres 15 sols, 1 boisseau froment, 2 boisseaux avoine et 3 gélines.

1570. Acquisition par le seigneur d'Anizy, sur Charles de Grand-Rye, de la justice et seigneurie de La Chasseigne, moyennant 400 livres.

1572. 20 décembre. Foy-hommage à la dame de Château-Chinon, pour la terre de Nourry, par Susanne de Chabannes.

1574. 6 novembre. Une maison appelée *maison de l'hôpital*, située au bourg de Vandenesse et près de l'église, est affermée à François Poitou, notaire.

1575. 5 avril. Aveu et dénombrement du fief de Chevannes-Bureau, fournis à M. le duc de Nivernois par Philippe Bureau, seigneur de Chevannes (Moulins).

1583. 12 juillet. Affranchissement de condition servile à main-mortable du lieu *Fanchy-Thibault*, fait par noble Jean de Cerizay, écuyer, procureur de dame Susanne de Chabannes, à la veuve de Fanchy Thibault et à ses enfants, pour le prix de 66 écus et deux tiers, sous la réserve du pré Colas, etc., paroisse de Montigny-sur-Canne.

1588. 27 février. Rachat d'une rente de 40 sols, affectée sur le moulin d'Anizy, faite par le seigneur d'Anizy sur les religieuses du couvent de Reconfort, châtellenie de Monceaux, moyennant 20 livres.

1592. 23 février. Lettres-patentes d'Henriette de Clèves, duchesse de Nivernois, accordées à Edme de Frasnay, seigneur d'Anizy, portant permission de relever et rétablir le signe patibulaire de la justice d'Anizy.

1603. 15 avril. Reconnaissance consentie par Gilbert Jacquinet, sieur de La Pannessière, au profit de l'abbaye de Cluny, de plusieurs héritages situés au finage de Chèvres, sous la charge de 21 sols 3 deniers de rente.

1603. 17 octobre. Reconnaissance consentie au profit du prieuré de Commagny, par demoiselle Marguerite Jacquinet, d'une maison servant de forge et grange, avec jardin, située à Vandenesse, et d'un pré au finage dudit.

1607. 17 février. Contrat de mariage entre Imbert de Castel, sieur de Sichamps, et Françoise, fille de Philippe Bureau, sieur de Chevannes-Bureau (Moulins).

1610. Copie du terrier de la commanderie de Feuilloux.

1614. 17 mars. Foy-hommage par Philippe Bureau à messire Pierre du Bois, baron de Vandenesse, pour la tour de Bureau et dépendances, situées au village de Givry et aux environs. Etais-ce cette tour qui surmontait la butte dont nous avons parlé à l'article Givry?

1623. 18 may. Transaction entre messire Pierre du Bois, baron de Vandenesse, Nourry, Pouligny, et Verou, d'une part, et Imbert de Castel, seigneur de Sichamps et de Chevannes-Bureau, d'autre part, d'après laquelle ledit de Castel se départ des prétentions qu'il avait des droits de justice et de pêche dans la rivière d'Aron.

1637. Messire Joachain de Vilars La Faye, époux d'Émée de Frasnay, devient baron d'Anizy. Il succède à Hector de Frasnay.

1658. 30 janvier. Vente à Anne Devey, veuve de Jacques de Rolland, de Coëron, par Charles Save, tant pour lui que pour les héritiers de Charles Simonet, tous héritiers de Claude Goussot, de la terre et seigneurie de Martigny, moyennant 6,000 livres.

1667. 9 avril. Déclaration faite par M. de Roland, seigneur de Coëron et Martigny, par laquelle il reconnaît que le droit de faire des baux à ferme du port de Cercy-la-Tour appartient au seigneur de Vandenesse seul, et à lui la moitié du produit dudit port.

1670. Philibert du Tout, tuteur de Guillaume du Tout son fils, consent une reconnaissance au profit du prieuré de Mazille de plusieurs héritages sis à Vandenesse. En 1681 Henry Guillier, héritier de Guillaume du Tout, abandonne au seigneur de Vandenesse tous les héritages du *domaine du Tout*, qui fait encore partie de la terre de Vandenesse.

1673. 4 janvier. Bail à bordelage fait par messire Louis du Bois à Anceau le jeune, d'une mazure de maison située au bourg de Vandenesse, devant le pilory, avec plusieurs héritages, sous la charge de restaurer la maison, plus 11 livres d'entrée et annuellement 4 livres 10 sols, un boisseau seigle, quatre boisseaux et demi d'avoine, quatre poules et demi, trois corvées de bordelage, un boisseau froment pour le droit de forcenage, demi-boisseau avoine et six œufs pour blairie, payables à la Saint-Martin, sauf les corvées à la volonté du seigneur.

1674. 5 aoust. Bail à cens fait par le marquis de Givry à Jean Conquis, du moulin banal de Pannesot et dépendances, moyennant 40 livres d'entrée et sous la charge de 140 boisseaux, tiers froment, tiers seigle et tiers avoine, six chapons, un gâteau de demi-boisseau de fleur de farine de froment, pétri au beurre et aux œufs le jour des Rois et six poules le jour de Saint-Jean-Baptiste.

1684. 13 juillet. Acquisition par le marquis de Givry sur messire François Amiot, seigneur de Villars et d'Albigny, de tous ses droits, redevances et héritages dans les finages de Cercy-la-Tour, La Guette, Pouligny et Champverd, moyennant 920 livres.

1685. 27 juin. Acte de foy-hommage fait au roy, en sa chambre des comptes de Paris, à cause de sa tour quarrée de Saint-Pierre-le-Moûtier, par messire Louis du Bois, marquis de Givry, des terres et marquisat de Vandenesse, Nourry et Pouligny-le-Bois.

1714. 10 mai. Vente par Catherine de Rolland, veuve de Paul des Gentils, Hector Saladin, comte de Montmorillon, époux de Françoise des Gentils, et Laurence-Françoise des Gentils, à Antoine Melon, receveur des tailles à Nevers, des terres et seigneuries de Coheron, Thais, Vendone et Martigny, pour 40,000 livres.

1718. 12 mars. Foy-hommage faite à M. le marquis de Leuville par Etienne Melon, seigneur de Martigny, Coheron et dépendances, à cause de la seigneurie de Verou dont relèvent lesdites seigneuries.

1766. 22 may. Location par le seigneur de Vandenesse d'une maison proche la rivière de Dragne, vers le *Pont-au-Moine*.

1768. 4 décembre. Cession par monsieur du Cray, seigneur de Vilaine, à M. le marquis de Poyanne et Vandenesse, des anciens bâtiments du domaine de Chèvres.

Extraits des comptes du receveur du marquisat de Vandenesse.

1700. 15 may. Il est tombé une vache sur le corps d'Anthoine Girard, dont elle est morte; reçu du cuir deux livres, cy. . . . . 2 l. t.

1709. 21 novembre. Jacques Beaunez a acheté de Claude Panay une vache garnie pour vingt-sept livres (écrit par M. de Leuville). cy. . . . 27 l. t.

1711. 19 novembre. Erard Morillon a vendu un petit cochon pour six livres que j'ay reçues (écrit par M. de Leuville), cy. . . . . 6 l. t.

1712. 2 avril. Il a acheté de Reullon deux petits thoraux d'un an pour quarante-cinq livres, cy. . 45 l. t.

1712. 3 may. Beaunez a vendu à Jean Talpain, dit Morlet, une vache garnie de son veau masle d'un an quarante-deux livres, cy. . . . . . 42 l. t.

1712. 22 may. Archambault a vendu à Morin, cabaretier, trois moutons pour dix livres dix sols qu'il a payés, cy. . . . . 10 l. 10 s.

1714. 2 juillet. Donné à Morillon deux boisseaux de seigle, pour sa fournée, pour trois livres dix sols le boisseau, en tout sept livres, cy. . . 7 l. t.

1714. 2 septembre. Ledit Morillon a vendu à Reullon deux bœufs cent quarante livres, cy. . . . 140 l. t.

1714. 4 septembre. Il a vendu à François Vallot huit porcs pour cent deux livres, cy . . . . . 102 l. t.

1715. 3 mars. Les loups ont tué une vache audit Morillon, quoyqu'il y eût un paistre qui gardoit ses vaches et ont tué icelle de jour.

1716. 27 octobre. Morillon a fait châtrer par Perrin, châtreur, six toreaux, pourquoy je lui ay donné quinze sols, cy . . . . 15 s.

1717. 24 octobre. Les chiens de Jean Talpain ont tué un porc à Vallot qui valloit quatre livres que j'ay mis sur le compte dudit Talpain, cy . . 4 l. t.

1718. 19 septembre. Morillon a mené un poulin à la foire des Sombres de Châtillon, lequel il n'a pas vendu, et luy ai donné pour sa dépense cinq sols, cy. . . . . 5 s.

1719. 24 février. Bellevault a acheté de Talpain un poulin pour quinze livres, cy. . . . . . . 15 l. t.

Nous ne voulons pas prolonger ces citations qui suffisent, du reste, pour faire connaître la valeur du bétail à cette époque.

Baux et reconnaissances annexés au terrier de 1721-23.

Par-devant les notaires royaux résidans à Moulins-Engilbert, a comparut Estienne Voillereau, manœuvre, demeurant en la paroisse de Vandenesse, lequel, tant en son nom que se faisant fort pour Pierre et Jean Voillereau, ses frères, a reconnu tenir et porter à titre et nature de bordelage portant lotz, vente, thierce, deniers, retenue, reversion et tous autres droits seigneuriaux, suivant la coutume, du seigneur marquis de Leuville et de Vendenesse, à scavoir une maison située et assise au *village du Fichault* (1), paroisse de Vendenesse, consistant en un chauffoir, une batterie et une estable, la cour devant, le jardin, ouche et pré derrière, le tout contenant environ une boisselée et demie de terre et trois charetez de foin, plus une pièce de pré..... à tenir, jouir et posséder les héritages, sous l'annuel et perpétuel bourdelage de 27 sols 4 deniers, le quart d'un boisseau froment, trois boisseaux avoine, mesure de Vendenesse, deux gélines et demie et une corvée à bras par chacun an, un boisseau avoine et six œufs, pour droit de blairie, payable chacun an par lesdits reconnaissants audit seigneur, rendu et conduit au château de Vandenesse à chacun jour et feste Saint-André, le premier terme et payement commençant audit jour prochain venant et continuer d'année en année par lesdits reconnaissants, ses hoirs et ayant causes tant et si longuement qu'ils seront détempteurs desdits héritages qu'ils seront tenus maintenir et entretenir en bon estat, nature et coutume de bourdelage... plus lesdits reconnaissants ont reconnu devoir audit seigneur un quart boisseau froment, mesure de Vandenesse, payable chacun an au jour de Saint-André, à cause du droit de terré et fourcenage. 1721. Guillier, notaire royal.

Par-devant les notaires soussignés ont comparutz Louis et Jean Gautheron frères, laboureurs, demeurants en la paroisse de Vendenesse, lesquels, de leurs vollontez, tant pour eux que pour Yzabeth Gautheron, leur sœur, solidairement et indivisément, ont reconnu et confessez tenir et porter au titre et nature de bourdelage portant proffit, thierce..... du seigneur marquis de Leuville et de Vendenesse, à scavoir une maison située et assise à Vendenesse, appelée d'ancienneté *la maison Bonne* (2), consistant en un chauffoir, grenier dessus, grange, estable, jardin, aisance et appartenance avec l'ouche de Pommier derrière... sous l'annuel et perpétuel bourdelage de 20 sols, demy-boisseau froment, deux boisseaux avoine, deux

(1) Aujourd'hui *le Quart*.
(2) Aujourd'hui *les Bonnes-Maisons*.

poules et deux corvées, et encore demy-boisseau avoine et six œufs pour droit de blairie. 1721. Guillier.

Par-devant les notaires royaux soussignés a comparu le seigneur marquis de Leuville et de Vendenesse, lequel, de sa volonté, a baillé et délaissé et par ces présentes baille et délaisse à titre et nature de bourdelage... à maistre Jean Garilland, marchand, demeurant en la paroisse de Cercy-la-Tour, présent, stipulant et prenant audit titre, c'est à scavoir les mazures, prés, terres, bois et buissons situés et assis en la paroisse de *Verneuille* et aux environs... sous la charge de 4 livres 9 sols 6 deniers, sept boisseaux avoine, mesure de Vendenesse, et deux gélines par an... rendu et conduit au château de Vendenesse chacun jour unzième novembre de chacune année... lesquels héritages sont abandonnés depuis plus de cinquante ans, et de temps immémorial les bastiments entièrement en ruines et les héritages en très-mauvais état, faute de détempteurs apparents... Le présent bail ainsy fait moyennant la somme de cinq cents livres que le preneur a promis et s'est obligé de payer... 0 août 1721. Guillier.

Cejourd'hui, dix-septième jour du mois d'aoust 1722, au château de Vendenesse, a comparut messire Édouard de Reugny, chevallier, seigneur de Poussery, le Bazois et dépendances, lequel a prié et requis hault et puissant seigneur Louis Thomas du Bois de Fiennes-Olivier, marquis de Leuville et de Vendenesse, baron d'Anizy, seigneur de Nourry, Pouligny-le-Bois, Givry, Arcilly, Verou, La Guette, Couze, Chevannes et autres lieux, maréchal des camps et armées du roy, grand bailly du pays et duché de Touraine, estant au château de Vendenesse, de le recevoir à faire les foys et hommages et serments de fidellité des fiefs de la terre, justice et seigneurie de Poussery, du fief et seigneurie du Bazois, fief de l'estang de Corcelles et du pré des Moreaux, membre et dépendance situez ès paroisses de Montaron et Pouligny-sur-Arron, comme appartenant au sieur de Reugny, en conséquence du legs qui lui en a été fait par deffunt messire Louis de Reugny, son père... lesdits mouvants en fief du seigneur marquis de Leuville, à cause de son château et marquizat de Vendenesse. Lequel seigneur marquis de Leuville a déclaré qu'il est prêt de recevoir ledit sieur de Reugny à faire la foy-hommage desdits fiefs, à la charge par lui de payer les fruits qui peuvent lui appartenir depuis la saisie qui en a esté faite à sa requeste et notifiée le 12 de ce mois, ensemble les frais de ladite saisie, establissement de commissaire et notification d'icelle... Ledit sieur de Reugny a offert de payer audit seigneur, suivant qu'ils seront reiglez, sous lesquels offres ledit seigneur marquis de Leuville a reçu ledit sieur de Reugny à faire la foy-hommage desdits terres, fief, justice et seigneurie de Poussery, le Bazois, l'estang de Corcelles et pré des Moreaux. Laquelle foy-hommage ledit sieur de Reugny a présentement fait et toutes les solemnitez en tout cas requis, et s'est mis au devoir de vassal... Signé : Leuville, de Reugny, Duruisseau et Guillier, notaire royal.

Par-devant les notaires royaux soussignés... a comparu M° Pierre Rebreget, prestre, curé de la paroisse de Vendenesse et desservant celle de Nourry, lequel de sa volonté a reconnu et confessé tenir et porter en ladite qualité, à titre et nature de bourdelage portant tous droits seigneuriaux, suivant la coutume du Nivernois, de très-hault et très-puissant seigneur messire Louis-Thomas du Bois de Fiennes... à scavoir une pièce de vigne située et assise au finage de Givry, paroisse de Nourry, contenant l'œuvre de huit hommes ou environ... une pièce de terre au finage de Vendenesse, contenant une boisselée, tenant du levant à l'ouche de la grange du seigneur, du couchant au grand chemin de Vendenesse à Nourry... l'haste au Prestre, située dans l'haste des Crayes, de la cure de Vendenesse, tenant du levant et septentrion au chemin de Vendenesse à Saint-Honoré... sous l'annuel et perpétuel bourdelage de 7 sols 10 deniers, un demy-boisseau avoine, mesure de Vendenesse... chacun jour onze novembre de chacune année..... 1722. Guillier, notaire.

Par-devant les notaires royaux résidants à Moulins-Engilbert soussignés, commis à la confection des terriers du marquisat de Vendenesse, baronnie d'Anizy, seigneurie de Nourry, Arcilly..., ont comparu *Philibert Panné dit Garreau, laboureur, maître chef de la communauté;* Pierre Panné, manœuvre; Sébastien Panné, aussi manœuvre, et Antoine Rémon, laboureur, mary exerçant les actions de Jacquette Courson, sa femme, demeurant *au village des Pannés,* en celuy *de Corcelles* et en celuy *de Villars, paroisse de Préporché,* lesquels, de leurs grez et volontés solidairement et indivisément l'un pour l'autre, l'un d'eux seul pour le tout..., ont reconnu et confessé tenir et porter à titre et nature de bourdelage portant profits, reversion... de hault et puissant seigneur messire Louis-Thomas du Bois de Fiennes..., à sçavoir un quartier de bois d'haute futaye situé et assis su finage de la Chétive, paroisse de Préporché, appelé le bois d'Arcy, contenant vingt-six boisselées ou environ, tenant du midy au chemin allant du village des Pannés à Morillon, du couchant au bois des Chaluas, du sieur Duclerroy, du septentrion au grand champ du domaine de la Proye, dudit sieur Duclerroy, et à la rue du Maupart, allant dudit bois au village de la Proye... à tenir, jouir et posséder lesdits bois sous l'annuel et perpétuel bourdelage de 15 sols 6 deniers, un boisseau avoine, mesure de Moulins-Engilbert, et une géline de pur et loyal bourdelage... payer, chacun an à chacun jour et fête saint Estienne, lendemain de Noël, rendu conduit au château d'Anizy... lequel droit a été reconnu au profit de Philippe Bureau, vivant escuyer, seigneur de Chevannes-Bureau, par-devant Daizy, notaire royal, le 30e juillet 1583, par André Panné, prédécesseur des reconnaissants ; laquelle redevance appartient au seigneur marquis de Leuville, à cause de l'acquisition par décret faite pour deffunt messire Louis du Bois, marquis de Givry, lieutenant-général des armées du roy, son père, au bailliage de Saint-Pierre-le-Moustier, en avril 1673, de ladite baronnie d'Annizy et Chevannes-Bureau, et a été depuis reconnu au profit dudit marquis de Givry par Toussaint Panné, le 3 janvier 1680... Fait à Moulins-Engilbert, avant midy, le 20e jour du mois de mars 1717.

Plus, le dit Philibert Panné, tant pour lui que pour ses communs personniers, a reconnu et confessé tenir et porter à titre et nature de bourdelage... dudit seigneur marquis de Leuville... une place de mazure située et assise au finage de la Chétive, paroisse de Préporché, l'ouche des Cours, le Praillon, le pré des Cours, l'ouche Bernard, l'ouche Gauthé, l'ouche Jannotte, les Vernois, l'ouche du Peulot, l'ouche Bruauldot, le bois des Chaintres, de haulte futaye, le champ des Charmes, le droit d'usage au bois d'Arcy pour y prendre bois mort et mort bois seulement... sous l'annuel et perpétuel bourdelage de cent dix sols, un boisseau et demy-rez avoine, mesure de Moulins-Engilbert, et une géline... payables au château d'Anizy chacun an chacun jour saint Estienne, lendemain de Noël.

Plus ledit reconnaissant a reconnu, confesse tenir et porter à titre et nature de bourdelage... dudit seigneur marquis de Leuville... le champ des solins (aujourd'hui les Soulins), situé et assis au finage des Pannés, le champ Rougier, le bois Guyot, à présent en terre labourable, le champ du Traye, le champ du Crot-des-Vernes, le champ du Boullé, l'haste Bouquain, l'ouche Devant... sous l'annuel et perpétuel bourdelage de 25 sols deux rez avoine, mesure de Moulins, et deux gélines... rendu et conduit au château d'Anizy... 23º mars 1717. Guillier, notaire.

VIII.

ARMORIAL. — SEIGNEURIE DE VANDENESSE.

DE NOURRY, seigneur de Nourry, Vandenesse, Pouligny-les-Bois, Tamnay, Cervon, Brèves : Écusson *à une fasce*, d'après l'abbé de Marolles; *d'azur, au sautoir d'or, cantonné de quatre couronnes à l'antique de même*, d'après l'Armorial de la généralité de Moulins.

DE BEAUFORT, comtes d'Alais, marquis de Canillac : *D'argent, à la bande d'azur, accompagnée de six roses de gueules.*

OLIVIER, marquis de Leuville, seigneur de Vandenesse, etc. : *D'azur, à l'olivier mouvant d'un croissant, surmonté de trois étoiles rangées en fasce, le tout d'or.*

DE CHABANNES, que nous aurions dû placer avant les Olivier : *De gueules, au lion d'hermine, armé, lampassé et couronné d'or.*

DU BOIS DE FIENNES, marquis de Leuville et Vandenesse, baron d'Anizy, seigneur de Nourry, Givry, Arcilly, Chevannes, Couze, Pouligny-le-Bois, Verou et La Guette, en Nivernois ; comtes de Fontaine et Maron, barons de Neuvy, seigneurs du Plessis et de La Mamussière, en Touraine. — Nous n'avons pu nous procurer les armes de cette famille. — Dans son *Armorial du Nivernais*, M. de Soultrait indique les du Bois d'Aisy comme seigneurs du Bois, de Neuville, de Lanty, de Drasilly, de Saisy, de Poussery, de Pouilly, de Montaron, de Vandenesse, de Marcilly, d'Aisy, du Pont-d'Aisy, de Dompierre, et leur donne pour armes : *D'azur, à la fasce d'or accompagnée en chef d'une étoile de même, entre deux fleurs de lys d'argent, et en pointe un porc-épic du dernier émail.*

Si les du Bois de Fiennes ont été seigneurs de Vandenesse, ils n'ont jamais été seigneurs de Drasilly, de Saisy, de Poussery, de Montaron, ni d'aucune terre dans la paroisse de Montaron. On peut s'en convaincre en lisant notre travail.

DE BAYLENS, marquis de Poyanne, Castelnaux, baron de Clermont, Gamarde, marquis de Leuville et de Vandenesse, baron d'Anizy, seigneur de Nourry, etc. : *Écartelé, aux 1 et 4 d'or, au levrier de gueules colleté d'argent ; aux 2 et 3 d'azur, à trois canettes d'argent.*

DE TALLEYRAND-PÉRIGORD : *De gueules, à trois lions d'or, armés et couronnés d'azur.*

IX.

ARMOIRIES DES SEIGNEURS CITÉS DANS LE COURS DE CETTE ÉTUDE.

De Frasnay, barons de Frasnay-les-Chanoines et d'Anizy : *Palé d'argent et d'azur.*

De Guerchy, barons de La Guierche, vicomtes d'Aulnay et de Fontenay, barons et comtes de Druy, barons et marquis de Guerchy : *D'argent, à six tourteaux d'azur, posés 3, 2 et 1.*

De Bongards, seigneurs de Maumigny, de Grosbois, de Courtois, de L'Etang, d'Arcilly, de Migny : *De gueules, à trois merlettes d'argent.*

Le Bourgoing, seigneurs de Folin, de Champlevrier, de Coulanges-sur-Yonne, etc. : *D'argent, à trois tourteaux de gueules.*

De Chargère, seigneurs de Tourny, du Grand-Marié, de La Queuldre, de Chigy, de Morillon, marquis du Breuil et de Chargère : *D'azur, au lion léopardé d'or, lampassé de gueules, surmonté de trois trèfles d'argent rangés en fasce.*

Du Bois de Fiennes. — Armes : *D'or, à trois clous de sable, au chef d'azur, chargé de trois aigrettes d'argent.* (Dict. généalog., hérald., par M. D. L. C. D. B. — Paris, Duchesne, 1757.)

De Chery, seigneurs de Chery, de Beaumont-sur-Sardolles, de La Cave, de Laucray, de Montigny-sur-Canne, d'Aglan ; barons de Neuvy et de Poiseux, marquis de Chery : *D'azur, au chevron d'or, accompagné de trois roses d'argent, boutonnées du second émail.*

Du Crest, qu'on trouve écrit : Ducrey, Ducret, Ducray, seigneurs de Vaux, de Ponay, de Chigy, de Monfou, du Breuil, de Vilaine, de Saint-Aubin-sur-Loire : *D'azur, à trois bandes d'or et un chef d'argent, chargé d'un lion issant de sable, lampassé, armé et couronné de gueules.*

De la Forest : *De gueules, au chevron d'argent, accompagné de trois croix ancrées de même.* — L'abbé de Marolles indique : *D'or, à trois feuilles de chêne de sinople.*

Des Gentils, seigneurs de Lamenay, de Cossaye; barons de Bessay et de Lucenay : *De sable, à l'aigle d'argent, couronnée d'or, et une bordure d'argent, chargée de huit croisettes patées du champ.*

De Lanty, seigneurs de Lavaux, de Lanty : *D'argent, à la fasce de gueules, accompagnée de cinq merlettes de même, trois en chef et deux en pointe.*

De Ponard, seigneurs de Giverdy, de Sauvage, de la verrerie de La Boue, etc. : *D'or, à deux pals d'azur.*

De Reugny, seigneurs d'Isenay, Pouligny-sur-Arron, Remilly, Savigny-sur-Canne, Saint-Gratien, Poussery; comtes et marquis du Tremblay; marquis de Reugny : *Palé d'argent et d'azur, au croissant de gueules brochant sur le tout.*

Sallonnyer de Montbaron, seigneur d'Argoulais et de La Montagne : *D'azur, à une salamandre d'or lampassée de gueules dans des flammes de même.*

Philippe Bureau, écuyer, seigneur de Chevannes-Bureau : *D'azur, au bouc rampant d'argent.*

De Bigny : *D'azur, au lion d'argent, accompagné de cinq poissons de même.*

De Saint-Père : *De gueules, à deux clefs d'argent posées en pal, l'anneau contre-bas.* (Abbé de Marolles.)

De Trianges : *D'or, à trois tierce-feuilles de gueules.*

OUVRAGES CONSULTÉS.

Registre-terrier de l'évêché de Nevers, rédigé en 1287. — René de Lespinasse.
Dictionnaire des généraux français depuis l'onzième siècle. — Le chevalier de Courcelles.
Dictionnaire universel de la noblesse. — De Courcelles.
Histoire de Bourgogne. — Courtépée.
Armorial du Nivernais. — De Soultrait.
Statistique monumentale du département de la Nièvre. — De Soultrait.
Souvenirs du bon vieux temps. — Jaubert.
Le Morvand. — Abbé Baudiau.
Guide à Saint-Honoré-les-Bains. — E. Colin et C. Charleuf.
Autun archéologique.
Convocation des États-Généraux. — A. Labot.
Histoire de France. — Guizot.
Inventaire des titres de Nevers. — Abbé de Marolles.
Les Voies romaines en Gaule. — Alexandre Bertiaux.
Rapport au conseil général de la Nièvre. 1854. — De Magnitot, préfet.
Archives du château de Vandenesse.

TABLE DES MATIÈRES.

		Pages.
I.	Étymologie	5
II.	Seigneurie et seigneurs	8
III.	Paroisse, églises	40
IV.	Commune, bourg, verrerie, forges	44
V.	Nourry, Givry, La Chapelle-Saint-Jacques, Chèvres, le fief Scyat, etc.	49
VI.	Les registres de l'état civil	57
VII.	Archives du château. — Extraits de quelques titres, comptes, baux, la communauté des Garriaux.	61
VIII.	Armorial. — Seigneurie de Vandenesse	78
IX.	Armoiries des seigneurs cités dans le cours de cette étude	80
	Ouvrages consultés	82

Nevers, Imp. et Lith. Fay.